# 少年读<sub>全景</sub>

# 中华上下五千年

## ② 秦汉纷争

廖志军◎编著

四川教育出版社
·成都·

图书在版编目（CIP）数据

少年读全景中华上下五千年. 2，秦汉纷争 / 廖志军
编著 . — 成都：四川教育出版社，2021.10
　　ISBN 978-7-5408-7787-3

　　I. ①少… II. ①廖… III. ①中国历史—秦汉时代—
少年读物　IV. ① K209

　　中国版本图书馆 CIP 数据核字（2021）第 185035 号


SHAONIAN DU QUANJING ZHONGHUA SHANGXIA WUQIAN NIAN 2 QINHAN FENZHENG

# 少年读全景中华上下五千年 2 秦汉纷争

廖志军　编著

出 品 人　雷　华
责任编辑　任　舸
责任校对　刘　青
封面设计　路炳男
版式设计　闫晓玉
责任印制　田东洋
出版发行　四川教育出版社
　　　　　地　　　址　成都市黄荆路 13 号
　　　　　邮政编码　610225
　　　　　网　　　址　www.chuanjiaoshe.com
印　　刷　德富泰（唐山）印务有限公司
制　　作　闫晓玉
版　　次　2021 年 12 月第 1 版
印　　次　2021 年 12 月第 1 次印刷
成品规格　188mm×245mm
印　　张　9
书　　号　ISBN 978-7-5408-7787-3
定　　价　168.00 元（全 6 册）


如发现印装质量问题，影响阅读，请与本社联系。总编室电话：（028）86365120
编辑部电话：（028）86365129

# 大秦帝国
## 中国第一个封建帝国

### 千古一帝秦始皇　　　　　〇〇二

功高盖世，自称皇帝
改革旧制，巩固集权
焚书坑儒，大兴土木
痴迷求仙，寿终归西

### 赵高乱秦　　　　　　　　〇〇五

善于钻营，拥立胡亥
残酷无情，杀害忠良
指鹿为马，篡权被诛

### 昏君秦二世　　　　　　　〇〇七

残暴不仁，荒淫无道
诛杀手足，残害忠良
走投无路，被逼身亡

### 大泽乡起义　　　　　　　〇〇九

朝廷征夫，陈胜揭竿

号召民众，反抗暴秦
转战南北，最终兵败

### 刘邦沛县起兵　　　　　　〇一二

志向高远，沛县豪杰
趁势起兵，举旗反秦

### 项氏揭竿反秦　　　　　　〇一四

楚国贵族，趁势举兵
横渡长江，向北进军

### 秦末大将章邯　　　　　　〇一六

义军蜂起，率军镇压
败于义军，归附霸王

### 巨鹿之战　　　　　　　　〇一八

章邯破赵，义军被围
破釜沉舟，大败秦军

### 刘邦入关亡秦　　　　　　〇二〇

刘邦西进，兵临咸阳
子婴出降，秦朝灭亡

# 西汉王朝
## 统一强盛的王朝

刘邦称帝　　　　　　　　○三八

称帝建汉，迁都长安
继承秦制，巩固皇权

开国良相萧何　　　　　　○四○

辅佐刘邦，赢取天下
坐镇关中，保障军饷
开国功臣，众卿之首
功高遭疑，自污名节

韩信遭诛　　　　　　　　○四三

功高震主，贬官为侯
策划谋反，事发遭诛

田横五百士　　　　　　　○四六

从兄反秦，自立为王
齐国灭亡，避难海岛
不堪受辱，引颈自刎

英布谋反　　　　　　　　○四九

反秦归汉，屡立战功
起兵反叛，兵败而亡

吕后专权　　　　　　　　○五二

高祖亡故，吕后掌权
心狠手辣，报复异己
专权乱政，病重而终

曹参无为治国　　　　　　○五四

开国功臣，齐国求贤
待人宽厚，不计小过
萧规曹随，安国利民

周勃平灭吕氏　　　　　　○五六

功劳卓著，赐封绛侯
当机立断，诛灭吕氏

文帝治国有方　　　　　　○五八

拥立为帝，巩固皇权

# 楚汉争锋
## 双雄争霸天下

鸿门宴　　　　　　　　　○二四

刘邦入关，项羽恼怒
项庄舞剑，意在沛公
借故离席，逃归大营

西楚霸王项羽　　　　　　○二七

火烧秦宫，自封霸王
诸侯反叛，霸王平乱

汉王定三秦　　　　　　　○二九

韬光养晦，平定三秦
采取措施，巩固后方

楚汉分界　　　　　　　　○三一

号召诸侯，讨伐项羽
相持不下，鸿沟分界

垓下之战　　　　　　　　○三三

撕毁和约，攻击霸王
诸侯合击，垓下被围

楚霸王自刎乌江　　　　　○三五

四面楚歌，霸王别姬
无颜过江，自刎身亡

节俭爱民，虚心纳谏
体恤民情，开创盛世

贾谊上疏论政　　　〇六一

少年得志，仕途顺利
元老排斥，贬官外放
上书言事，切中时弊
深切自责，忧郁而亡

开明君王汉景帝　　　〇六四

休养生息，国泰民安
发展教育，打击豪强
宽厚仁慈，患病逝世

晁错削藩　　　〇六六

文帝赏识，景帝宠幸
位高权重，提议削藩
替罪羔羊，冤死刀下

一代英主汉武帝　　　〇六八

时来运转，入主东宫
登上皇位，改革受阻
统一思想，加强集权
晚年悔过，轮台罪己

飞将军李广　　　〇七一

将门世家，技艺高超
死里逃生，威震匈奴
英勇善战，军功难立
不甘受辱，悲壮自刎

大将军卫青　　　〇七四

出身卑贱，因祸得福
晋升为将，屡立战功
决战匈奴，官至司马

霍去病为国忘家　　　〇七七

少年英武，大战匈奴
用兵灵活，功盖当代
追杀千里，封狼居胥

张骞通西域　　　〇八〇

肩负使命，出使月氏
不畏艰辛，开通丝路

李陵叛投匈奴　　　〇八二

名将之后，率兵出征
兵力悬殊，嗜血杀敌
叛徒出卖，兵败降敌

苏武牧羊　　　〇八五

出使匈奴，兵变遭扣
众人规劝，宁死不降
朝廷要人，苏武还乡

窦婴舍身救友　　　〇八八

酒醉失言，灌夫被捕
挺身而出，当庭辩论
太后施压，惨遭杀害

理财能手桑弘羊　　　〇九〇

少年得志，担任农丞
整顿货币，盐铁官营

巫蛊之祸　　　〇九二

后宫相争，巫蛊之术盛行
奸臣挑弄，祸害无辜

霍光辅政　　　〇九四

武帝宠幸，临终托孤
挫败政敌，稳固地位
辅佐宣帝，病重而终

昭君出塞　　　〇九七

入选后宫，无缘面君
自愿和亲，远赴匈奴
顾全大局，青冢留名

王莽篡汉　　　〇九九

攀附门庭，入朝为官
处心积虑，控制朝政
篡汉建新，危机四伏

# 东汉王朝
## 汉室中兴

### 赤眉绿林起义　　　　　　　一〇二

社会动荡，绿林起义
赤眉起义，攻击官军

### 昆阳大捷　　　　　　　　　一〇四

攻打昆阳，义军被围
奇计巧谋，大败官军

### 刘秀复汉　　　　　　　　　一〇六

扩充实力，自立为王
众望所归，称帝复汉

### 一代贤后阴丽华　　　　　　一〇九

美貌佳人，君子好逑
谦让自抑，皇后楷模

### 云台首将邓禹　　　　　　　一一二

追随刘秀，出谋划策
运筹帷幄，功高盖世

### 征南大将军岑彭　　　　　　一一五

韬略过人，劝降朱鲔
奉命平叛，功勋卓著

### 伏波将军马援　　　　　　　一一七

助攻隗嚣，平定羌族
远征交趾，南征武陵

### 强项令董宣　　　　　　　　一一九

北海惩恶，正气凛然
刚正不阿，强项抗命

### 中兴明君汉明帝　　　　　　一二二

初露锋芒，打击宗室
加强集权，整顿吏治
与民休息，崇尚儒学

### 窦宪大破匈奴　　　　　　　一二五

出身显贵，征伐匈奴
居功自傲，被逼自杀

### 党锢之祸　　　　　　　　　一二七

党人议政，宦官加害
铲除奸宦，事败被捕

### 汉灵帝昏庸无能　　　　　　一二九

临朝执政，荒淫无度
卖官鬻爵，搜刮民财

### 黄巾军起义　　　　　　　　一三一

矛盾激化，揭竿而起
转战南北，兵败而终

### 史学大家班固　　　　　　　一三四

继承父志，撰写汉史
鸿篇巨制，遗泽后世

### 一代医圣张仲景　　　　　　一三六

勤求博采，医术精湛
医圣功绩，万代传颂

# 少年读全景中华上下五千年 2

## 秦汉纷争

**大秦帝国///中国第一个封建帝国**

公 元 前 2 2 1 年 ~ 公 元 前 2 0 6 年

◎看世界／罗马出现铸币　　　　◎时间／约前289年　　　　◎关键词／铜币 银币

秦始皇，姓嬴，名政，秦庄襄王之子，十三岁时继承王位。他凭借先辈创建的雄厚基业，在七雄对峙中逐渐占据优势。经过多年鏖战，秦王嬴政终于在公元前221年彻底扫灭群雄，建立了大秦帝国。自此，东周诸侯纷争、战乱不休的局面宣告结束。作为中国历史上的首位皇帝，秦始皇嬴政建立了我国历史上第一个大一统王朝，从而为后世王朝统一中华做出了榜样。

## 公元前221年~公元前206年
## 大秦帝国
# 千古一帝秦始皇

现皇帝至高的权威，秦始皇又提了一番要求：皇帝自称为"朕"，皇帝之命叫"制"，皇帝之令叫"诏"，皇帝私人之印叫"玺"，皇帝之妻叫"皇后"，皇帝之母叫"皇太后"。从此，这些日后广为人知的皇室称谓开始流传下来。

此外，嬴政还自称"始皇帝"，宣布将来继承帝位的皇子、皇孙称"二世""三世"以至"万世"，幻想秦王朝的统治能延续千秋万代。

## 功高盖世，自称皇帝

统一六国后，自认为功劳无人能及的嬴政，觉得"秦王"的称号不足以表现自己的盖世伟业，所以决定重新确定尊号。他命群臣集思广益，评定尊号。有的大臣认为应该用"皇"，有的大臣认为应该用"帝"，因为他们认为嬴政的功绩堪比古代贤君三皇五帝。然而，嬴政却对三皇五帝不屑一顾，经过一番思量，他最后将"皇"和"帝"合二为一，称自己为"皇帝"，言下之意就是自己的伟业远在三皇五帝之上。

此后，为了体

## 改革旧制，巩固集权

为了巩固中央集权，秦始皇决定对国家体制进行一番变革，具体方法有以下几条。

首先，改革官制。为了有效地治理国家，秦始皇决定设立三公。三公包括丞相、太尉和御史大夫。丞相主要负责辅助皇帝处理政务，太尉主要负责军事事务，御史大夫主要负责监察官员

◀秦始皇像

秦始皇嬴政先后扫灭六国，完成了统一全国的大业，建立了中国历史上第一个统一的多民族的中央集权制国家，他也被后人称为"千古一帝"。

◎看世界／亚历山大灯塔始建　　　◎时间／前282年　　　◎关键词／古代世界七大奇观

**▲秦始皇陵兵马俑阵**
秦始皇兵马俑坑是秦始皇陵的陪葬坑，是世界上最大的地下军事博物馆。最早被发现的是一号坑，呈长方形，东西长230米，南北宽62米，深约5米，总面积约14260平方米，四面都有斜坡门道。一号坑左右两侧各有一个兵马俑坑，现称二号坑和三号坑。

和为皇帝撰写诏书。

其次，在全国推行郡县制。全国共设三十六个郡，每个郡又设若干个县，每个县又设若干个乡，每个乡又设若干个亭，每个亭又设若干个里。主管郡一级事务的最高官员叫郡守，主管县一级事务的最高官员叫县令。

再次，修建长城。为了防御北方的匈奴大军，秦王朝在拆毁六国长城后，在其废墟上修建了东起辽东、西至临洮的万里长城。

最后，统一文字、货币、度量衡。秦帝国建立

前，六国都有自己的文字、货币和度量衡，若继续沿用，就会增加朝廷管理的难度，同时也会阻碍各地间的文化交流。在此情况下，秦始皇决定在全国范围内统一文字、货币以及度量衡。

以上各种政策的实行，极大地巩固了秦王朝的政权，同时也推动了全国各地的经济发展和文化交流。

## 焚书坑儒，大兴土木

为了进一步强化中央集权，秦始皇还用严刑酷法统治国家。儒生们深以为恶，于是聚集起来上书抗议。当朝丞相李斯决定杀一儆百，以此来表明君权的至高无上。他觉得治国的办法应该随着时代的变化而变化，夏商周三代的治国办法如

▲秦桥遗迹

秦桥遗迹位于山东荣成成山头南面海中，那里有四块天然巨石，它们时隐时现，传说是当年秦始皇为渡海求仙在海中架桥时所留下的遗迹。

今已不足称道；可是，许多儒生还在到处宣扬古代制度的优点，如此扬古贬今，只会误导民心，破坏天下的稳定。因此，一定要镇压蛊惑民心者。经过一番考虑，他将这种情况的出现归咎于书籍，于是他上奏秦始皇，希望焚毁一切不利于国家安定的书籍。

秦始皇欣然应允，下令焚书。没过多久，先秦时代的书籍就几乎被焚毁殆尽。李斯认为这样可以防儒生之口，谁知此事发生后，儒生们反而大肆辱骂秦始皇。秦始皇得知后火冒三丈，立即下诏逮捕造事儒生，随后又坑杀了约四百名儒生。

焚书、坑儒两件事在我国历史上臭名昭著，不仅导致我国众多古籍被焚毁一空，还导致我国自春秋时期形成的百家争鸣的文化氛围彻底消失。可以说，焚书坑儒事件是我国文化史上一次严重的灾难。

此外，秦始皇的暴虐行为数不胜数。为了满足个人私欲，他动用巨大的人力、物力、财力修建骊山墓。当时，秦朝共有两千多万人口，而从事劳役的就有近百万人，并且这近百万人都是壮劳力。如此一来，土地无人耕种，给农业造成了极其严重的破坏。一边是暴敛重赋，一边是繁重的徭役，人民生活于水深火热之中。

## 痴迷求仙，寿终归西

自古以来，所有皇帝都希望自己的江山可以永世不倒，自己可以长生不老，秦始皇也不例外。因此，他十分渴望能够找到一种仙药，使自己寿与天齐。为此，他在称帝后，常常到全国各地游走，一是为了宣扬自己的盖世伟业，二是希望见到神仙，求得长生药。

公元前210年，秦始皇又踏上了求仙之路。听说神仙住在海中的仙岛上，他便率领从属顺海岸向北而行，却没有任何收获。眼见此行无果，他便想率队返回，然而天有不测风云，走到平原津时，他突发急症。秦始皇已近弥留，众大臣却不敢询问其后事如何安排，因为秦始皇最痛恨谈论生死。不过，他也明白自己死期将至，因此命人让公子扶苏前来准备后事。不料，诏书尚未发出，他就死了。

作为中国历史上第一位皇帝，秦始皇做了一些顺应历史潮流的事情，比如灭诸侯，统一中国，统一文字、货币和度量衡等，这些不但维护了国家统一，而且促进了各民族、各地区之间的文化和经济交流。秦始皇统治时期，秦朝疆域辽阔，而且国家政权更为集中。不过，秦始皇的许多暴虐行为（如建宫殿、建陵墓、定酷刑）都让百姓困苦不堪；他还阻碍文化进步，禁锢思想，制造了臭名昭著的焚书坑儒事件。秦始皇的功过是非，我们无法简单评说。但是，作为我国历史上第一位皇帝，秦始皇的历史贡献是不容忽视的。

# 前219年

秦始皇驾崩后，赵高将秦二世扶上帝位，随后便在朝廷里肆意妄为，专权弄事，为秦二世的暴政推波助澜，逐渐使秦王朝走上了末路。秦朝末年，赵高竟然想登基称帝，结果被乱刀砍死，实在罪有应得。

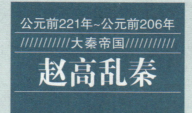

**公元前221年~公元前206年**

**////////// 大秦帝国 //////////**

**赵高乱秦**

## 善于钻营，拥立胡亥

赵高，战国时赵国王族，出生于咸阳。秦灭赵国后，赵高父母搬到咸阳定居，其父因罪受过宫刑，他和兄弟姐妹都是母亲与他人私通所生。

秦灭六国后，将六国所有后宫女眷迁往咸阳，如此一来，后宫人数剧增。为了照顾后宫的众多嫔妃，朝廷下令征召宦官，将六国的宦官并入宫廷。赵高就是在此时进入皇宫的。

赵高善于钻营，阿谀奉承。他发现秦始皇非

常注重法制，于是，便利用一切时间研究法令，以期赢得秦始皇的青睐。很快，他便精通了法令。不久，秦始皇听说他既有才能又精通法令，就升他为中车府令，让他负责掌管皇帝车马。

始皇少子胡亥很受秦始皇喜爱，于是赵高就千方百计地迎合胡亥，胡亥很快便对赵高非常信任。就在此时，秦始皇又让赵高教授胡亥如何断案。就这样，赵高每天和胡亥住在一处，并对其关怀备至，使得秦始皇和胡亥都对他信任有加。

秦始皇每次外出巡游时，赵高都会为其准备一支规模巨大的车队，同时下令所到之处务必献上当地珍宝，以此来讨好秦始皇。当然，赵高也会趁机中饱私囊。

公元前210年，秦始皇病死在出巡途中。当时，秦始皇身边只有李斯、赵高以及胡亥等人。秦始皇下诏准备让长子扶苏主持丧事，但是赵高却逼死扶苏，拥立胡亥继承了皇位。

## 残酷无情，杀害忠良

胡亥登基后，担心朝臣和其他皇子怀疑其登基的合法性，便与赵高决定诛杀朝臣和众皇子。

秦始皇生前对蒙恬和蒙毅十分器重。蒙氏兄弟曾为秦王朝立下了汗马功劳，位高权重。赵高对其十分嫉恨，于是他常在二世面前诋毁蒙氏兄弟。昏庸的二世在赵高的鼓动下，将蒙氏兄弟逼死。此后，赵高还不断排挤朝廷中正直的大臣，然后任命自己的亲信为官。

◀赵高指鹿为马

赵高为了试探群臣对他篡权的态度，导演了历史上有名的"指鹿为马"的丑剧。后来这个成语被用来比喻颠倒黑白、混淆是非。

◎看世界／安息王朝建立　　　　　◎时间／前247年　　　　　◎关键词／帕提亚

▲（秦）彩绘铜车马

出土于陕西临潼秦始皇陵西侧，铜马车的大小为真车的二分之一。虽然深埋在地下已两千多年，但马车的各转动部分仍然很灵活，为人们研究秦朝马车提供了宝贵的实物证据。

赵高想独自控制秦二世，便设法防止二世接触其他朝臣，他欺骗胡亥道："皇帝之贵，就在于有威仪，让人们无法见其行、闻其声。如今，皇上太过年轻，一旦在群臣面前露出缺点，将会招致天下人嘲笑。所以，我建议皇上只在宫里治政，凡事由下臣负责处理。如果这样的话，天下人都会颂扬陛下的圣明。"胡亥听后大喜，便将朝政大权交给赵高，他则身居内宫，不理朝政。从此，赵高彻底控制了朝廷。

权力越大，野心也越大。赵高此时已经不满足于一般官职，他希望自己能够当丞相。为此，他将丞相李斯诬陷致死，并灭其三族。

## 指鹿为马，篡权被诛

李斯死后，赵高便出任丞相，所有国事都由他处理。此时，全国各地已经爆发了很多次起义。

就在国家危亡之际，作为朝廷重臣，赵高不去想挽救政权，却想趁机登基称帝。为了试探一下朝臣的态度，他导演了一场臭名昭著的指鹿为马的闹剧。

一日，赵高拉来一只鹿，当着众大臣的面对胡亥说："陛下收下这匹好马吧！"胡亥笑道：

"丞相是否搞错了？你拉来的是一只鹿，哪里是马？"赵高并不理会皇帝的话，仔细观察周围人的反应，有人跟着赵高随声附和，有人却说真话指出是鹿非马。后来，说真话的朝臣陆续都被赵高设计杀害了。

看到众多起义军向京师杀来，胡亥才猛然醒悟过来，原来赵高说的天下太平竟是谎言，于是言谈之中对赵高很是不满。赵高发现胡亥怀疑自己后，害怕其追究责任，便派亲信闯进胡亥的宫里，逼死了胡亥。

胡亥死后，赵高欣喜若狂，大步走上朝堂，准备登基。但是文武百官皆低头不从，赵高只得临时改变主意，让扶苏的长子子婴继承皇位。子婴明白自己不过是一个傀儡，不愿重蹈胡亥的覆辙，便与属下商定计划，准备斩杀赵高。当赵高应约到子婴处时，子婴便让事先埋伏好的刀斧手将赵高砍死；随后，将其三族夷灭。

秦朝灭亡的责任并非都在赵高身上，但他残害忠良、排除异己的行为，确实加速了秦王朝的覆灭。

〉〉〉秦始皇统一六国后，为防御匈奴，征集了大量民工，将原秦、赵、燕长城连接起来，长达万里，世称"万里长城"。

◎看世界／埃涅乌斯　　◎时间／前239年~前169年　　◎关键词／罗马诗人

秦朝只经历了两代，秦始皇是开国之君，秦二世是亡国之君。秦二世本就荒淫昏聩，再加上奸臣赵高的教唆鼓动，统治手段的残酷比其父更甚。他不仅残忍屠戮朝中大臣，还残杀自己的兄弟姐妹。二世在位期间，大秦帝国朝纲败坏，民不聊生。

**公元前221年~公元前206年**
//////////大秦帝国//////////

# 昏君秦二世

胡亥将秦始皇葬于秦始皇陵后，下令将宫中所有没有生子的妃子活埋，为其父陪葬。残杀了众多嫔妃后，胡亥又将数以万计的修建秦始皇陵的工匠活埋在陵墓里，因为他担心陵墓的信息日后被工匠泄露。

## 残暴不仁，荒淫无道

公元前210年，经过赵高和李斯的筹划，胡亥趁秦始皇驾崩之际，矫诏赐死兄长扶苏，继位为帝。此后，他便开始胡作非为。

秦始皇在位期间，颁布了非常严酷的法令。其中最为残忍的一条就是：一人犯法，罪及三族；一家犯法，邻里连坐。胡亥在制定法令上有过之而无不及，他制定了更为残忍、荒谬的法令——以官员收税和杀人的数量作为评定忠臣的标准。这直接导致各级官员滥抢民财、滥杀百姓，使百姓苦不堪言。

胡亥一心寻欢作乐，养了许多珍禽异兽供自己玩赏。为了保证众多珍禽异兽的食物供给，他竟然让全国各地的官员向咸阳供应粮草，而且禁止运粮草的人在路上吃所运的粮食。

▶（秦）云纹高足玉杯
高14.5厘米，青色，杯身呈直口筒状，上层饰柿蒂、流云纹，中层勾连卷云纹，下饰流云、如意纹，足似豆形，刻有丝束样花纹。

## 诛杀手足，残害忠良

胡亥害怕诸公子与他争帝位，再加上赵高的怂恿，他决定一不做二不休，残杀众公子。很快，胡亥众兄弟中的十二个就惨遭毒手。

随后，在赵高的诬陷下，胡亥在杜邮又杀了六个兄弟和十个姐妹，刑场惨不忍睹。将闾等三人也是胡亥的兄弟，这三人比其他兄弟都沉稳，胡亥实在找不出什么罪名，只好先将他们关在宫内。最后，胡亥逼他们服毒而死。

在胡亥的所有兄弟中，只有公子高没有被诛杀全家。在胡亥开始屠杀兄弟姐妹时，公子高就知道自己也不会幸免。为了保全自己全家老小，公子高上书胡亥要求为父皇殉葬。胡亥一看非常高兴，于是就免了他全家的死罪，并赐钱十万厚葬公子高。

秦始皇的子女都被杀完了，胡亥又开始借故制造冤狱，残杀忠臣。赵高想起蒙毅曾经判过自己死刑，再加上他担心手握重兵、功高盖世的蒙恬对自己构

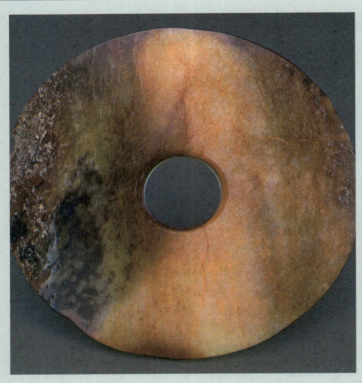

▲（秦）玉璧
图中的秦璧原是青玉色，因受沁后才变成了赤红色。

成威胁，于是想尽办法诬陷蒙氏兄弟。而偏听偏信的昏君秦二世竟然先派人逼蒙毅自尽，然后又派人逼蒙恬自杀。

见胡亥大开杀戒，大臣冯去疾和将军冯劫为免遭羞辱，也选择了自尽。此后，赵高把自己的亲信一个个都安插进朝廷，其弟和女婿都摇身一变，成了朝廷重臣。

处理完当朝大臣后，地方官员又成了二世迫害的目标。公元前209年，二世出巡全国各地。途中，赵高建议他趁机树立自己的威信，将那些不听话的官吏全部诛杀。胡亥听了他的话，一路下来，杀了不少地方官吏，以至许多地方都没人敢当官了。

不久，在赵高的陷害下，秦朝重臣李斯也被二世残杀。至此，秦朝的忠臣良将几乎全部惨死，而朝廷则完全被奸臣所控制。大秦帝国开始分崩离析。

## 走投无路，被逼身亡

将忠良诛杀殆尽后，二世便终日深居后宫，寻欢作乐。于是，赵高便趁机独揽朝政大权。胡亥一直都不了解天下的真实情况，等到陈胜的军队逼近了咸阳，胡亥才着了急，听从了章邯的建议，让他率领骊山刑徒出战迎敌。后来，章邯兵败，投降项羽。失去了章邯的秦朝根本不堪一击，危在旦夕。

眼见亡国在即，胡亥才明白过来，所谓天下太平，只是赵高编造的谎言。秦二世开始埋怨赵高，屡次派使者责备他。赵高见胡亥已有不信任自己的迹象，便准备对胡亥下手。

不久，赵高假称有盗贼进宫，须派人进宫捕捉，趁机派了自己的亲信前去刺杀秦二世。二世哀求杀手道："我能见见丞相吗？"杀手没有同意。胡亥又说："我只求做一个郡王。"杀手还是说不行。胡亥又说："那让我做一个万户侯吧。"杀手依然说不行。胡亥无奈地说："做普通百姓总可以吧？"杀手还是拒绝了。最后，年仅二十四岁的二世被逼自杀了。

秦朝统一天下之初，秦始皇曾意气风发地诏告群臣："朕为始皇帝，后世以计数，二世三世至于万世，传之无穷！"不料，他预想的万世基业在二世手中便结束了。至于胡亥的结局，只能说是咎由自取，用司马相如的话说就是："持身不谨兮，亡国失势；信谗不寤兮，宗庙灭绝。"

# 前212年

〉〉〉秦始皇以咸阳人多而宫殿小为由，下令在渭河以南的上林苑营建朝宫，首先建造的便是前殿阿房宫。

◎看世界／第二次布匿战争　　　　◎时间／前218年　　　　◎关键词／汉尼拔

秦始皇和秦二世统治期间，不顾百姓死活，穷奢极欲，滥用民力，大兴土木，使百姓生活于水深火热之中。公元前209年，陈胜、吴广率先在大泽乡发动起义，"斩木为兵，揭竿为旗"，誓要推翻暴秦。在他们的推动下，起义烽火很快便烧遍了秦朝大地，反秦大起义如火如荼地开展起来了。

### 朝廷征夫，陈胜揭竿

秦朝统一天下后，秦始皇及秦二世不断地征用徭役和劳役，修建骊山陵墓、长城、阿房宫，并对南越用兵。这些行为耗费了大量人力和财力，使百姓的负担日益沉重。

公元前209年，秦二世命令阳城官员派两名军官押送九百多人到渔阳去戍边。押送官为了便于管理，从这些民夫中挑了两个人，让他们去管理这九百多人。其中一个是以打长工为生的阳城人陈胜，另一个是阳夏农民吴广。

陈胜自幼家境贫寒，但素有大志。由于自小就给地主做长工，深受压迫和剥削之苦，他心里逐渐产生了反抗压迫、改变现实的思想，立志要干一番大事业。一次劳动时，他对其他长工说："苟富贵，勿相忘。"伙伴们觉得好笑，便问道："你是一个为地主耕地的人，怎么可能富贵呢？"陈胜叹息道："嗟乎，燕雀安知鸿鹄之志哉！"这句话表明了他非凡的志向。

陈胜起初并不认识吴广，被征召为民夫后他们才相识。为了按时赶往渔阳，他们带领民夫们日夜赶路。当时正是雨季，雨水非常多，他们走到大泽乡时，天降大雨，无法继续走路。无奈之下，他们只好就地休息。

## 公元前221年~公元前206年
////////// 大秦帝国 //////////
# 大泽乡起义

但是，如果不能准时赶到渔阳，按照当时法律他们是要被处死的。面对这种处境，陈胜和吴广商量："从这里到渔阳，有三千里之遥，在规定的期限内是无论如何也赶不到的。即使去了，我们也是送死！"

"那我们干脆跑吧。"吴广建议道。

"去也是送死，逃亡被抓回来也是死，既然横竖都是死，还不如选择反抗而死！如今，秦朝暴政已经引起了天下人的不满。二世乃是篡位之主，始皇帝长子扶苏以及楚国大将项燕都颇有威名，如果咱们借其名义召令天下人反秦，必可成事。"陈胜自信地对吴广说。

吴广觉得陈胜言之有理，便同意了他的计划。

### 号召民众，反抗暴秦

为了尽可能号召更多民众，陈胜和吴广便利用鬼神迷信来达到目的。一天，他们用朱砂在一块绸帕上写了"陈胜王"三个字，然后把绸帕塞到渔民捕来的鱼的肚子里。士兵们买鱼回来吃，发现了鱼腹中的绸帕上的三个大字，都觉得不可思议。不久，夜里，半空中还经常会回荡着"大楚兴，陈胜王"的呼喊声。士兵们吓坏了，鬼神的预言震慑住了他们，他们开始相信陈胜就是未来的王。

接下来，陈胜决定先除掉这支队伍的两名军官。他让吴广故意对喝醉的军官说要逃跑。军官大怒，当众鞭打吴广，并举剑要杀他，吴广趁机夺剑，回身杀掉军官。陈胜就势带领愤怒的民夫杀死了另一个军官。

随后，陈胜召集其他民夫，大声说："我们已

少年读全景中华上下五千年·2·秦汉纷争　▼　大秦帝国·中国第一个封建帝国

▲（秦）青铜弩机构件
弩机是用来发射箭矢的机械装置，可以将箭矢射得更远。从秦朝开始，弩机被广泛地运用于军事战斗中。

经耽误了行程，按照法律会被斩首。即使不被斩首，去北方打仗也是九死一生。反正去与不去都是死，不如就此起事。壮士不死便罢，死就要死得轰轰烈烈！王侯将相难道是天生的贵种吗？"众人齐声赞同。

接着，陈胜筑坛盟誓，打起公子扶苏的旗号，举兵反秦，号称大楚。陈胜号令大家万众一心推翻暴秦。一开始没有武器，他们就将木棒作为武器。陈胜自立为将军，以吴广为都尉，两人率军一举攻下了大泽乡。

## 转战南北，最终兵败

陈胜、吴广起义后，很快得到了附近饱受苦难的老百姓的积极响应，他们纷纷为义军送粮食，并带着工具加入起义队伍。在陈胜、吴广的率领下，义军从大泽乡出发后又攻下了蕲县。随后，陈胜又派兵连克五县，很快把起义的火种带到了中原大地。

义军打进陈县时，军队已经拥有战车六七百辆，骑兵千余人，步兵数万人。当地的豪杰和名士纷纷劝说陈胜拥立六国后人为王，以此来巩固战果，但被陈胜断然拒绝了。随后，义军建立了张楚政权，陈胜自立为王。起义军乘胜前进，分三路攻秦：吴广西击荥阳，武臣北进赵地，周文进攻关中。

百姓正因朝廷压榨困苦不堪，陈胜起义的消息传来，各地百姓纷纷攻击官府，斩杀贪官污吏，以此来响应义军。

周文以前是战国末年楚国著名将领项燕的部将，军事才能非常出众。他率领军队一路过关斩将，其军队很快便拥有车千乘、士兵几十万，不久便进抵今陕西临潼境内，逼近咸阳。

〉〉〉秦始皇外出巡游，其少子胡亥和左丞相李斯随行，右丞相冯去疾留守京城。

◎看世界／特拉西米诺湖战役　　　◎时间／前217年　　　◎关键词／罗马惨败

秦二世见起义军打到都城附近，十分惊慌，急忙派章邯率领几十万在骊山修墓的刑徒迎击起义军。周文率领的农民军虽然英勇作战，但因为孤军深入，加上缺乏训练，没有多少作战经验，所以连吃败仗。最后，周文兵败自刎。

吴广带领的义军迟迟攻不下荥阳。此时，义军将领田臧又与吴广在军事部署上发生分歧，最后竟然杀害了吴广。吴广死后，军心涣散。章邯率军攻来，田臧兵败被杀。

接着，章邯率军向陈县扑来，陈胜亲自率领义军奋力抵抗，但因为兵力太少，不幸失利，败退至下城父，被车夫庄贾暗杀，庄贾后来投降秦军。闻听此信，陈胜的部将吕臣率领苍头军反攻陈县，处决了叛徒庄贾。但此后陈县又被秦军占领。轰轰烈烈的大泽乡起义失败了。

大泽乡起义沉重地打击了秦王朝，开辟了中国古代农民反抗封建统治的道路。虽然陈胜和吴广最终失败了，但作为中国历史上第一次大规模农民起义的领导者，他们在中国农民战争史上占有重要地位。

▶篝火狐鸣

陈胜和吴广在发动起义前，用竹笼罩火装成鬼火，并在半夜学狐狸叫，大喊"陈胜王"，实际上是想假借鬼神的名义号召众戍卒一同起事。

在大泽乡起义的推动下，农民起义的烽火很快烧遍了秦王朝的各个地区。义军不断攻城拔寨，建立政权，使秦王朝的统治日益瓦解。在这种情况下，沛县的刘邦也起兵抗秦，从而开始了其反秦称霸的人生历程。

## 志向高远，沛县豪杰

刘邦，字季，秦朝沛县丰邑中阳里人。刘邦为人豁达大度，厌恶读书，虽然爱说大话，但乐于助人。不过，刘邦不愿做农民，所以常被父亲责骂，说他不如兄长会劳动，但刘邦毫不理会。后来，他做了泗水的亭长，由于为人豪爽，在当地人人知其大名。

刘邦素有大志。有一次，他在路上遇到了秦始皇率领大队人马出巡。看到秦始皇坐在豪华的车上，他心里十分向往，便自言自语道："做人就应该像这样啊！"

刘邦之妻是吕公的女儿吕氏，名叫吕雉。吕公和家乡的人结下冤仇后来到了沛县定居，他和沛县县令十分交好。

吕公刚到沛县时，很多人登门拜访。刘邦也去了，主持接待的是县吏萧何，他规定礼钱不到一千钱的人到堂下就

### 公元前221年~公元前206年
////////// 大秦帝国 //////////
# 刘邦沛县起兵

◀睡虎地秦墓竹简

1975年底，湖北云梦睡虎地秦墓出土了一千一百余枚秦代竹简。这些竹简上共记载了六百条秦代施行的法律，是我国迄今为止发现的最早、最丰富的法律文书。

座。刘邦虽然分文未带，却说："我出贺钱一万！"吕公听说了，赶忙出来迎接。他一见刘邦就非常喜欢，经过一番交谈后，更是非常看好刘邦的前途，便决定将自己的女儿嫁给他。刘邦马上应承了下来。

吕雉得知此事后，十分生气，对吕公哭诉道："你说女儿将来一定可以嫁入豪门，就是沛县县令都没有资格娶。我本以为你会为女儿找一个贵族，谁知你竟然将女儿嫁给一个无财无势、只会吹牛的人！"但吕公心意已决，吕雉也无可奈何。

不久，刘邦被派去押送犯人，这些犯人是被强迫去骊山服役的，知道到了骊山肯定难逃一死，因此都想趁机逃跑。刘邦也没办法制止，后来干脆将所有犯人都放了，让他们赶紧逃命。有些人不愿离开，表示要跟着他，与他同舟共济。于是，刘邦便带领他们当起了草寇，四处流亡。

据说有一次，他们转战别处时，被一条大蛇拦住了去路，众人都不敢前进，刘邦怒骂道："我们经历过千难万险，还怕这种东西！"他边说边抽出剑斩杀

◎看世界／汉尼拔使用分化战术　　◎时间／前217年　　◎关键词／分化 罗马同盟

了蛇。接着，他们继续前行。走了一段路，刘邦突然感到头晕难耐，于是就地躺倒休息。过了一会儿，队伍后边的人过来对刘邦说，看到路边有个痛哭的老婆婆说她的儿子被人杀了，问她原因，她说其子是白帝之子，刚变成蛇便被赤帝之子杀害。他们本以为老婆婆是胡言乱语，谁知她说完后竟突然消失了。听了这些，刘邦欣喜不已，由此也更加相信自己确非凡人。许多人闻听他是赤帝之子，便纷纷前来归附。自此，刘邦之名传遍了沛县各地。

## 趁势起兵，举旗反秦

陈胜、吴广起义爆发后，各地百姓纷纷斩杀官吏，响应起义。沛县县令也想起事，以便继续掌握沛县政权，但他手下的萧何和曹参反对由他带头起义，因为他们觉得县令的威望不够，到时响应者必然少。因此，他们建议拥立当时已经颇有威名的刘邦为首领，以此来号召更多的人加入他们的队伍。

于是，县令马上派人召唤刘邦。但是不久，县令又担心刘邦威胁到自己的权力，命人将城门关闭，拒迎刘邦。不仅如此，他还迁怒于萧何和曹参，准备捕杀他们。得到密报后，二人立即潜出沛县，随后找到刘邦，叙述了事情的经过。

刘邦听后火冒三丈，马上修书一封送到沛县城中。在信中，刘邦尽数县令种种恶行，最后号召人们斩杀县令，开城门放他们进去。沛县百姓早就听说过关于刘邦的神奇故事，对他非常敬仰，加上人们本来就对平时不太体恤他们的县令很不满，于是杀了县令后开城门迎接刘邦。

接着，众人又准备推举刘邦为沛公，领导大家起义。刘邦推辞说："我何德何能，根本无力担此重任。沛县英雄豪杰应有尽有，希望大家重新找一个人来当此重任。"但是，所有人都说他是赤帝之子，此番领导起义，乃是天意。刘邦见众人确实是真心推举自己，便当仁不让地坐上沛公之位，领导百姓祭旗反秦。

也许刘邦起义之初确实未曾想到自己将来会登基称帝。不过，当他走出第一步时，便已经身不由己地卷入了群雄争霸的洪流。

▲带流陶壶
鼓腹，口圆，颈长，一侧有耳，一侧带流。

项梁和项羽是楚国贵族后代，出身高贵，再兼人脉较广，因此吴中百姓对他们颇为敬仰，凡是当地发生重大事件，通常都要请他们出面协调。大泽乡起义爆发后，项梁也顺势以复国为名发动起义，实力日渐强大。陈胜死后，项梁便将所有义军联合起来抗秦，沉重地打击了秦王朝的统治。

公元前221年~公元前206年
//////////////大秦帝国//////////////
## 项氏揭竿反秦

陈胜领导的农民大起义爆发后，各地纷纷起兵响应，项梁、项羽杀死会稽郡郡守殷通后，也召集江南八千子弟兵发动起义，以配合陈胜。

### 楚国贵族，趁势举兵

公元前209年，陈胜发动了大泽乡起义，由此点燃了推翻暴秦的导火索。不久，项氏后人项梁和项羽也举起了反秦的大旗。

项梁是项羽的叔叔。项羽自幼父母双亡，一直和叔叔生活。项羽身长八尺有余，力能扛鼎，但从小不喜欢读书。于是，项梁便让其学习剑术，学了一段时间后，项羽又没有兴趣了。项梁大发脾气，说他学什么都学不成，将来一定没出息。不料，项羽却自信地说："读书只要会写自己的姓名就可以了，而剑术即使学得再好，那也只能对付几个人。我要学就学那能敌万人的本领。"项梁听到此言，便开始教他兵法。

后来项梁因故杀了人，为了躲避官府的缉拿，便带着项羽逃到江南隐居起来。由于他既有文才，又有武功，所以当地年轻人都愿意结交他。无事可做时，项梁便教这些人武术和兵法。

秦始皇巡游会稽时，项羽和项梁也站在旁边观看。项羽看着威风八面的秦始皇，非常自信地用手指着秦始皇说："彼可取而代也。"项梁连忙捂住他的嘴说："快别胡说，要灭族的。"但心中却暗暗称奇，觉得项羽不同凡响。

### 横渡长江，向北进军

公元前208年，陈胜部将召平率义军攻击东海郡的秦军。他率义军猛攻广陵，却迟迟攻不下来。正在此时，陈胜被杀的消息传来，于是他马上撤兵，横渡长江，前往项梁营地。到达项梁军营后，召平以陈胜之名封项梁为楚国上柱国，让他马上率军渡江抗击秦军。项梁起兵后，已经将江东收复。如今召平让他率军进击秦军，正中下怀，稍事休整后，他和项羽便率领江东八千子弟兵渡江抗秦。

项梁和项羽本是楚国名门望族之后，在楚地影响力极大，如今以陈胜之名前去抗秦，更是顺畅——一到楚国旧地，陈婴便首先率领自己的部队归附，不久当地许多反秦军队也纷纷前来归附。项梁的兵力猛增至六七万人。到这时，未来所向披靡的楚军主力已基本形成。更为重要的是，那些日后名声显赫的谋臣猛将也都在此时加入了楚军，如谋士范增、骁勇善战的名将钟离眜、一代名将韩信以及张楚政权的吕臣等人。与此同时，淮南地区的英布、蒲将军也率领人马前来归附。

重新整编队伍后，各路义军开始合作，继续攻击秦朝军队。最先报捷的是项梁义军，他们先在东阿大败章邯，后又在濮阳再次大败章邯。接着，项羽率军又攻克了山东和河南的一些地方。

此时陈胜已死，项梁便在薛城召开会议，希

◎看世界／坎尼战役　　　◎时间／前216年　　　◎关键词／汉尼拔 以少胜多

▲彩绘猪形漆盒
长43厘米，宽15厘米，高20厘米，由整木雕成，盖与器身可以自由扣合，器身纹样带有铜器风格，器物造型仍显稚拙，憨态可掬。

望可以重新选出一个领导人。军师范增对项梁说："陈胜兵败，必有缘由。六国之亡，楚国乃是无辜遭难。楚怀王被骗到秦国，最终客死他乡，楚国人对此十分在意。有人曾说'楚虽三户，必亡秦'，陈胜虽然首举义旗，但他自立为王，因此号召力比较弱。如今，项将军起兵江南，许多楚国的义军都纷纷归附将军，只是因为将军的先人乃是楚国大将，但他们肯定希望将军可以拥立楚王的后代为王，进而复建楚国。"

项梁也有此想法，便准备拥立楚怀王的后代，于是派人四处打探楚怀王的子孙的去处。最后找到了在民间生活的楚怀王之孙熊心，随后项梁便会同其他义军将领拥立熊心为王，亦称楚怀王。自此以后，楚地参加义军的人数日渐增多。看到项梁拥立楚怀王之后，其他五国国君的后代也

纷纷复国。接着，项梁又多次击败大将章邯率领的秦军。最后，他率兵攻入了定陶，又派刘邦和项羽带领军队攻打秦军。

项梁自从渡江以来，连战连捷，但是在胜利面前，他渐渐滋长了骄傲情绪和轻敌思想。在项梁缺乏戒备的情况下，章邯趁雨夜偷袭定陶，击败项梁军队并杀了项梁。

虽然腐朽的秦王朝并不是项梁直接率军推翻的，但是各路义军在他的组织下才实力大增。因此可以说，项梁为推翻秦王朝做出了巨大贡献。

◎看世界／罗马同盟城市倒戈　　　◎时间／前216年　　　◎关键词／卡普亚 马其顿

公元前221年~公元前206年
//////////大秦帝国//////////
## 秦末大将章邯

秦末农民起义轰轰烈烈开展起来后，秦朝名将章邯成了镇压农民起义军的急先锋。章邯的军事才能非常出众，谋略过人，曾多次击败义军的进攻。正是因为他，秦王朝灭亡的脚步才减缓了。但是，秦朝的腐朽统治已经走到了尽头，无论章邯如何英勇，都无力回天。

### 义军蜂起，率军镇压

章邯，秦朝末年名将，担任过少府之职。

公元前209年，秦二世眼见陈胜部将周文领导的义军逼近都城咸阳，于是命章邯为帅，带领骊山修墓的刑徒阻击起义军。

在此后的数次战役中，章邯都率部取得了胜利。可以说他的胜利减缓了秦朝灭亡的脚步。

章邯消灭张楚政权后，挥师北上，将进攻的目标锁定为魏国。章邯击魏，事先已经有计划。经过激烈的战斗，魏军彻底失败。魏王魏咎知道城必破，便投降了秦军。一切谈妥后，魏咎自焚而亡。那个时代，军队一旦攻破坚守不降的城池，通常都会屠杀全城百姓。魏咎投降秦军，是为了保全全城百姓的性命，堪称仁义；投降后，他又放火自焚而不愿苟活，保持了一国之主的尊严，堪称壮烈。

灭亡魏国后，章邯继续发兵攻打齐国。此时，齐王田儋已死，田儋之弟田荣继位。面对章邯大军咄咄逼人之势，田荣率部后撤。为了能够顺势剿灭齐国，章邯率军急追田荣，追到东阿时，终于追上了。

项梁听闻田荣陷入章邯大军的包围中，非常焦急，便率军北上救援田荣，在东阿大败章邯军。章邯率军撤往濮阳，项梁紧追不舍，追到濮阳后，再次击败章邯军。此时章邯军一分为二，其中一部撤入城阳，另一部则在章邯的带领下撤入濮阳。

濮阳是军事重镇，紧靠黄河渡口。章邯在濮阳筑护城壕，引黄河水，准备坚守此城。他的目的很明确，就是要控制后勤通道——黄河渡口，然后寻机再战。

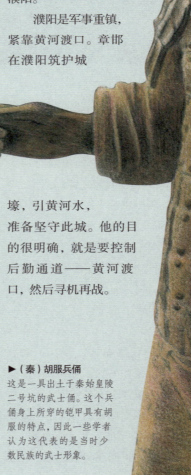

▶（秦）胡服兵俑

这是一具出土于秦始皇陵二号坑的武士俑。这个兵俑身上所穿的铠甲具有胡服的特点，因此一些学者认为这代表的是当时少数民族的武士形象。

〉〉〉秦南海郡尉任嚣病故，赵佗接任南海郡尉。

## 败于义军，归附霸王

秦军自出函谷关后，一路势如破竹，未遇强敌，鲜有败绩，但是在东阿城下，却被打得大败而逃，到了濮阳，竟然又被击败。章邯被围困于此，心里甚是难受。

秦二世看到章邯屡败，便派人前来问罪。章邯担心赵高在朝内诬陷自己，便派长史司马欣秘密前往朝廷面见赵高。但是，赵高拒不接见。司马欣明白赵高已经对主帅有意见，急忙赶回军中。他深知危险重重，因而没有走原路。就在他走后，赵高果然派人前去截他，但没有找到他。

司马欣到了军中，对章邯说："赵高在朝廷肆意妄为，下面的人无法成事。如果我们屡打胜仗，赵高必定嫉妒；仗打不赢，又免不了被处死。希望将军深思。"就在这时，赵军将领陈余来信道："白起是秦国名将，为秦国攻城略地，功勋卓著，最后竟然被赐死。蒙恬击败匈奴，开疆辟土，最终也被逼死。为什么呢？只因他们功劳太高，朝廷不能按功行封，只得害死他们。现在全国各地都有起义军，你能够将他们全部剿灭吗？赵高为陛下所宠幸，如今天下到处都是义军，他为了推脱责任，肯定要通过陷害杀死将军来推卸责任，躲避祸患。何况你常年在外带兵，朝中大臣很多与你关系不佳，你现在的处境是，不管打胜打败，都难逃死罪。再说，秦朝气数已尽，没有人能够挽救。现在，朝内怀疑将军，朝外又处境险恶，实在可悲呀！如今之计，将军只有与义军议和，倒戈反秦称王，才是最佳出路。反秦称王还是被害而死，将军慎重选择！"章邯看信后，认为自己的处境确实如此，便决定与项羽议和，但双方第一次没谈妥。

随后，秦军被项羽军队击败，章邯再遣使议和。项羽因军中粮草日渐短缺，召集各路将领集会，准备和章邯议和。于是，项羽与章邯及其部下会师于洹水南岸，筑坛结盟。章邯面见项羽时失声痛哭，讲述了被赵高逼迫的无奈。项羽立章邯为雍王，将他安置在楚军营中。

公元前205年，章邯被刘邦击败，被围困于废丘城。不久，韩信用计水淹城池，城破后，章邯拔剑自刎。

正所谓乱世出英雄，章邯即是乱世中的英雄。他曾默默无名，但在秦末农民起义爆发后，他以非凡的军事才能显耀于朝廷。他一生中最为辉煌的功绩，就是多次为暴秦镇压住义军。作为军事统帅，他确实非常杰出。

▲（秦）半两钱

半两钱始铸于战国晚期的秦国。秦始皇统一天下后，将半两钱定为国家唯一的法定货币。"秦半两"青铜币的造型为圆形方孔，中间的方孔代表"地方"，外面的圆圈代表"天圆"，圆形方孔象征着古代天圆地方的宇宙观。

章邯击败陈胜后，立即率军攻击河北的义军。经过一番角逐，秦军最后包围了义军。危急时刻，项羽带兵前来营救，而刘邦则率军西击秦军，攻打关中。在秦军远远多于义军的情况下，项羽以惊人的胆识，破釜沉舟，在巨鹿击败秦军。巨鹿之战不仅沉重打击了秦军主力，也为刘邦牵制了秦军主力，使他顺利攻下了咸阳。

公元前221年~公元前206年
//////////大秦帝国//////////
## 巨鹿之战

### 章邯破赵，义军被围

项梁死后，章邯决定撤出黄河以南地区，去平定赵国，因为他觉得楚军已元气大伤。随后，章邯击败赵军，占领其都城邯郸。赵王歇退守巨鹿城，章邯命王离部包围巨鹿，自己亲率大军屯兵巨鹿南之棘原，修通道补给王离大军。

赵王歇遣使求救于楚军。为避免反秦武装力量被各个击破，楚怀王分兵两路：一路以宋义为上将军，项羽为次将军，范增为末将，率军北上救赵，桓楚、英布、蒲将军等楚将亦同行；另一路兵马由刘邦率领西进关中。楚怀王明言："先入关中者王之。"

楚军到达今山东曹县一带后，宋义就驻兵不进，企图坐观秦赵相斗，待其两败俱伤后坐收渔翁之利。项羽一再建议立即渡漳河救赵，与赵军内外夹击以破秦，否则以秦之强必灭赵。宋义不听，反驳道："牛虻斗牛，志不在虮虱。楚

军目的在于灭秦，不在救赵。眼下秦军攻赵，战胜则马乏兵疲，我军可趁机胜之。秦军若败退，我军也可乘势西进，直接进攻关中，一举灭秦。因此，秦赵先斗，楚作壁上观，乃是上策。"宋义随后下令，军中如有不从命者皆斩。

当时天气很冷，又下起了大雨，楚营里军粮接济不上，士兵们受冻挨饿，都抱怨起来，宋义却和部下饮酒作乐。项羽看到后非常生气，说："身为将军，就应该鏖战于沙场，誓死攻击敌军。如今军营里没有粮食，上将军却按兵不动，自己喝酒作乐。这样不顾国家，不体谅兵士，哪里像个大将的样子！"众兵将也非常气愤。

宋义和齐国的关系一直很好，因此决定将儿子推荐到齐国担任要职，齐国也同意了。高兴之余，宋义决定要亲自送儿子一程。到齐国和楚国的边境无盐县后，宋义又在此摆宴大肆庆祝。

无盐县紧邻齐国，而宋义大军就驻扎在安阳，

▶（秦）铜鼎

〉〉〉项羽令全军将士破釜沉舟，决战巨鹿，结果大败秦军。巨鹿之战是中国历史上以少胜多的著名战役。

安阳位于无盐西南。宋义将儿子送到无盐的消息被楚国兵将得知后，士兵们都产生了强烈的抵触情绪。无盐之行是宋义犯的一个致命的错误，但对于项羽而言，这是一个绝佳的夺权机会。

有一天，项羽对众将道："大家觉得当秦军和赵军大战时，我们可以坐收渔翁之利吗？我认为这绝对不可能。但宋义却是这么认为的。你们都明白，秦军实力十分强大，赵军最后肯定失败。一旦赵军失败，秦军肯定士气大振，到时我军将很难取胜。再说宋义每天都在饮酒作乐，不关心士兵的死活，他根本就不是一个合格的统帅！"

众将都赞同他的看法，开始责骂宋义。项羽见此情景，马上闯入宋义帅帐，抽剑杀死了宋义，接着召集三军将士，大声说道："宋义身为统帅，却驻兵在此，不去营救赵军。其实他想谋反，幸亏被我察觉，我已经斩杀了此贼。"众将士听闻宋义被杀，均高声欢呼，并推举项羽代替宋义为上将军。随后，项羽马上率军渡过漳河，抢占对岸阵地。

## 破釜沉舟，大败秦军

渡河后，项羽下令烧毁军营，将军中所有做饭的锅都砸碎，并将所乘船只凿沉，每人只带三日干粮，以示誓死决战的决心。看到既无多余之粮，又无战船，楚军将士明白，如今已是无路可退，只有击败秦军，才有生存的可能。接着，项羽率军和王离所率的秦军展开了殊死搏杀。

其实，当时有众多兵马前来救援赵国。但是都慑于秦军之威，按兵不动，静观其变。当他们看到楚军和秦军激烈的战斗后，全看呆了。楚军士兵舍生忘死地冲杀秦军，使前来救援赵国的各路兵马吓得浑身颤抖。楚军大胜后，邀请前来救援赵国的将领们到军营相见，他们一进大营，便不

▲（秦）羊角钮钟

高36厘米，椭圆形，上小下大，平口，顶部有长方形穿孔，并有分歧外侈的羊角形錾钮，全器素地无纹饰。

由自主地跪地而行，连抬头的勇气都没有。

此战中，秦将苏角战死，王离被俘。自此，各路反秦将领皆臣服于项羽，各路诸侯也都纷纷表示听命于他。

巨鹿大战中，义军一举歼灭了秦军主力，扭转了整个农民起义战争的战局，对于灭亡秦王朝腐朽的统治具有决定性的意义。自此以后，秦王朝已经名存实亡。

在巨鹿之战进行的同时，刘邦率部向西进发。巨鹿之战牵制了秦军主力，所以刘邦在西进时受到的抵抗较少。沿途所到之处，刘邦收编了许多地方武装，同时也招降了许多郡县，最后非常顺利地逼近咸阳。面对强大的义军，秦王子婴最后无奈出城投降。于是，中国历史上第一个大一统的封建王朝宣告灭亡。

**公元前221年~公元前206年**
/////////// 大秦帝国 ///////////
## 刘邦入关亡秦

### 刘邦西进，兵临咸阳

项羽大战秦军时，刘邦正率军向西进军。刘邦大军所到之处，那些曾被秦军打败的义军游兵纷纷前来归附。此外，各地的许多反秦力量也都归附于刘邦。因此刘邦的大军日渐壮大。

公元前207年初，刘邦率大军攻取了陈留的粮仓，使刘邦大军的粮草问题得以彻底解决。

一个月后，刘邦率军攻打开封。但是，此地秦军寸土必争，因此义军只好转道北上东郡。义军到达白马津时，却遇到了秦将杨熊，于是又是一番大战，结果秦军大败而逃。刘邦率军追击，将杨熊军逼至荥阳，杨熊最后被朝廷下令处死。随后，刘邦率部顺利地攻到了南阳城。

同年夏，义军大败秦军，秦军溃退宛城。刘邦急于西进，军师张良劝道："入关确实重要，可是，秦军在关中的兵力十分强大，再加上他们占据着武关，对我军非常不利。现在主公若贸然进军，必定难以取胜。虽然秦军在南阳大败，但其主力尚存，如今南阳尚未攻克，如果我军不顾南阳而西进，就会受到秦军的两面夹击。到时我军将无路可退，危险至极，望主公三思。"刘邦听后，立即将本军旗帜全部扮成秦军旗帜，然后率军连夜急行，绕道前往南阳，于黎明时分包围了南阳城。

南阳守将眼看城破在即，便要拔刀自刎。这时，其军师陈恢抢下刀，说道："将军切勿如此。现在我们尚未战败，我愿意到敌营说服刘邦，与其签订和约。"随后，陈恢便翻城而下，来到刘邦大帐，对刘邦说道："听说怀王曾与众将军约定，谁先入关谁就可

◀（秦）咸阳宫遗址出土的银盘
银盘遍饰鎏金龙纹图案，具有战国时代的特点，原本应是战国时的六国之器，后来被秦国所得，就在其口沿背面补刻了"卅三年"等秦篆铭文，用于咸阳宫。后此盘归入西汉宫廷，又被赏赐给封在临淄的齐王，所以该盘最后出土于齐王墓。

〉〉〉刘邦率军进入咸阳，与关中
父老"约法三章"。

◎看世界／叙利亚东征米底　　　　◎时间／前210年　　　　◎关键词／安条克三世

以称王。现在，如果将军要攻打南阳，恐怕要耗费一些时间，而城中百姓听说降者必死，也定会死守城池。而倘若将军率军西进，宛城秦军肯定会追击将军，这样也可能导致别人抢占先机而先攻入咸阳。如果将军能与南阳签订和约，让郡守依旧守护城池，让士兵归附将军，这样南阳就会开城迎接将军，将军便可顺利进入武关。"

　　刘邦听后欣喜不已。南阳可以不战而收，这是他做梦都不敢想的。于是，他立即同意了陈恢的提议，随后让南阳郡守继续镇守南阳，并封其为侯，另外封陈恢为千户。接着，刘邦下令：所有将士进入南阳后，如有奸淫掳掠者，一律处斩。百姓听说后自然欣喜。

　　此后，义军沿途遇到的秦将大部分都被刘邦招降。很快，刘邦便率军兵临武关。

## 子婴出降，秦朝灭亡

　　不久，刘邦开始攻打武关，并很快拿下了此地。武关失陷，咸阳必将不保，赵高看到咸阳危在旦夕，便派人阴谋杀害了秦二世，然后派人到刘邦军中谈条件。赵高的条件是，自己投降后能

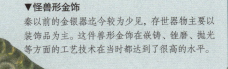

**▼怪兽形金饰**

秦以前的金银器迄今较为少见，存世器物主要以装饰品为主。这件兽形金饰在嵌铸、锉磨、抛光等方面的工艺技术在当时都达到了很高的水平。

▼ 少年读全景中华上下五千年·2·秦汉纷争

▼ 大秦帝国·中国第一个封建帝国

○二二

▶（秦）青铜罐

成众矢之的，万万不可贪恋此间财物。刘邦听后幡然醒悟，立即封好金库，回兵霸上。

过了几天，刘邦召集各县有威望的父老豪杰到霸上，对大家说："你们已经吃尽了秦朝暴政的苦头。议论一下朝政就会被满门抄斩，探讨一下时势就要被杀头，这太残暴了。现在，我和大家约法三章：第一，杀人要偿命；第二，打伤人要治罪；第三，偷盗者要判罪。除了这三条，其余的秦朝法律一概废除。我是替父老们除害的，决不会坑害大家，希望大家回去后把我的话转告百姓们。"

老百姓听说刘邦对他们如此宽大仁慈，便争先恐后地拿着牛羊肉、酒和粮食去慰劳士兵，刘邦再三推辞。老百姓看到刘邦如此爱护他们，都希望他能够永远在关中做王。在这种形势下，有人建议刘邦增兵函谷关。他们认为，只要将函谷关守住，其他军队便无法入关。这样一来，刘邦便自然成为关中之王了。刘邦听后激动不已，马上加派兵力镇守函谷关。

自此，一统天下的大秦帝国正式退出了历史舞台。

够担任关中王。刘邦听后，立即拒绝了。没过几天，赵高便被秦王子婴设计斩杀。公元前207年秋，刘邦率军兵临霸上，而霸上正是咸阳城的最后一道屏障。

刘邦大军压境，秦王子婴情知败局已定，便带着玉玺亲自向刘邦请降。这时，军中众将希望刘邦斩杀子婴，以平民愤。但刘邦没有同意，他认为，正是因为自己宽容大度，楚怀王才让自己带军西进。何况子婴是主动来降，如果杀害投降之人，必然引起民众反感。于是，刘邦答应了子婴的请求，率军入驻咸阳。至此，秦亡。

刘邦进入咸阳后，马上就被豪华的宫殿楼阁、夺目的金银财宝和倾国倾城的后宫佳丽所迷惑，他想长驻此地。看到刘邦沉湎于酒色财气之中，军师张良等人劝他应以大局为重，现在咸阳已

# 少年读全景中华上下五千年 2

秦汉纷争

## 楚汉争锋///双雄争霸天下

公 元 前 2 0 6 年 ~ 公 元 前 2 0 2 年

听闻刘邦欲做关中王，项羽大怒。在项羽看来，如果不是自己击败秦军主力，刘邦必定无法顺利入关，如今，刘邦竟想做关中王，丝毫不把自己放在眼里，简直是胆大包天，因此决意向其问罪。刘邦明白自己还不是项羽的对手，所以前往项羽军中请罪。于是，项羽摆上了暗藏杀机的鸿门宴。鸿门宴过后，反秦斗争宣告结束，刘邦与项羽之间的楚汉之争正式开始。

## 公元前206年~公元前202年
////////////楚汉争锋////////////
# 鸿门宴

占领。项羽看到关门紧闭，又听说刘邦已经接受了秦王的投降，而且还广纳秦军兵将，封闭所有入关通道，心中非常愤怒。于是他命令英布率军攻打函谷关。经过一番激战，英布很快便将函谷关拿下。随后，项羽率领大军进驻鸿门。

这时，亚父范增建议项羽抓住时机，急速出击，一举消灭刘邦。他的理由是，刘邦本是一个贪财好色之徒，但是他入关之后，却未将金库据为

## 刘邦入关，项羽恼怒

项羽率军到达函谷关时，函谷关已经被刘邦

**▼项庄舞剑**

公元前206年，兵力处于弱势的刘邦为了避免同项羽作战，暗中拉拢项羽的叔父项伯，并听从张良的建议，亲自赶至鸿门赴宴。觥筹交错的鸿门宴，实则暗藏杀机。

已有，也未将秦朝的后宫佳丽纳为妾室，由此可见，他必有长远打算。

刘邦大军的驻地距离项羽的军营较近，因此来往十分方便。一天，刘邦军中的叛徒曹无伤派人前往鸿门面见项羽，将刘邦的一些具体情况，如刘邦欲做关中王、封秦王子婴为相、将秦宫珍宝据为己有等，全部报告给了项羽。

项羽本来就对刘邦派兵镇守函谷关并拒绝自己入关之事气愤不已，如今听闻此言，更是火冒三丈。大怒之下，他命令三军做好准备，次日一早便出兵攻打刘邦。

项羽的叔父项伯平时和张良十分要好。他担心项羽攻打刘邦时杀害张良，便连夜骑马赶到刘邦军中私会张良，将项羽准备攻打刘邦的事情告诉了张良，想叫张良和他一起离开。张良对项伯说："我受人之托辅助沛公，如今沛公有难，我单独逃跑是不讲道义的，必须将此事告诉他。"项伯看他心意已决，便默许了。于是，张良就把项伯说的情况详细告诉了刘邦。刘邦听完大吃一惊。张良说："以目前情况来看，主公能够抵挡住项羽的攻击吗？"刘邦坦白说不能。张良说："我也这样想。敌方势力强大，我们不能与其硬拼，只能忍辱负重，向项羽示弱。因此，主公应该先向项伯表明自己忠于项羽的决心。"刘邦赞同张良的看法，随后便接见了项伯，故作诚恳地说："我进入关中后，连极少的财物都不敢据为己有，金银

珠宝、珍玩美器全都记录在册，登记封存，以等待项将军的到来。我派遣官兵去把守函谷关，是为了防备盗贼和防止发生意外。我日日夜夜盼望着将军的到来，怎么敢反叛呢！希望您将我的心意告诉项将军，我并非忘恩负义之人。"项伯见他言辞恳切，便答应了。

随后，项伯回到了项羽军营，把刘邦的话详细地报告给了项羽，并趁机为刘邦说情，说刘邦非常忠心，并没有反叛之意，还要亲自来请罪。于是，项羽取消了作战计划，答应和刘邦面谈。

▲（西汉）双环形璧

青玉，湖绿色，有乳白色斑，玉质细腻温润，透明度好，两面纹饰相同。璧面透雕为重环状，内环浅浮雕三条双尾龙，龙头制成内外二环的连接点，外环饰突起涡纹，形状精巧别致。

## 项庄舞剑，意在沛公

第二天，刘邦带领一百多人来见项羽。到达鸿门后，只见军中旗帜招展，戒备森严，来到项羽帅帐时，宴席已上，座位已定，上席坐着项羽和项伯，次席坐着范增。刘邦被安排在范增对面，张良则被安排在末席，身后便是帐门。

众人入席后，刘邦恭恭敬敬地向项羽谢罪，并说自己是如何忠心，绝对不会背叛项羽。项羽

看到刘邦如此谦卑，心中十分得意，便不再怀疑刘邦。

接着，项羽明确表示将撤销命令，不再攻打刘邦。刘邦听后自然欣喜万分，并说此次误会都是奸人挑拨，希望以后大家可以和平相处。项羽被刘邦的好话冲昏了头脑，竟然说："所有的事情都是你的左司马曹无伤说的。不然的话，我怎么会知道呢？"范增听闻此言，吃惊不已。

看到项羽原谅了刘邦，范增十分气愤，他多次给项羽使眼色，让项羽斩杀刘邦，但项羽均视而不见。想到刘邦的威胁，范增决心除掉刘邦。他知道不这样做的话，日后项羽必然死在此人手中。仔细思量一番后，范增便出了大帐，召来项羽的堂兄弟项庄。范增对项庄说："主公心肠太软，不忍下手杀掉刘邦。你进去上前祝酒，祝酒完毕，你就请求舞剑助兴，顺便把刘邦杀了。不然的话，你们将来都会成为他的俘虏！"

项庄就进去祝酒。祝完酒，他对项羽说："主公和沛公饮酒，军营里没有什么可以用来娱乐，请让我舞剑助兴吧。"项羽允诺了。项庄就拔出剑舞起来。这时，项伯看出项庄舞剑意在沛公。于是，他也请求舞剑助兴。项庄边舞剑边寻机刺杀刘邦，但项伯常常用自己的身体掩护刘邦，因此项庄始终不能得手。

面对眼前的刀光剑影，刘邦吓得冷汗直流。

## 借故离席，逃归大营

随后，刘邦借口如厕走出大帐。不一会儿，张良也来到帐外。张良让刘邦立即回营，刘邦虽然有点犹豫，但在张良等人的劝说下，还是决定马上返回霸上，让张良留下向项羽辞谢。张良问道："主公来时带了什么礼物？"刘邦说："我拿来一对白玉璧，准备献给项王；一对玉酒杯，要送给范

▲函谷关

函谷关位于河南灵宝，是我国历史上建置最早的雄关要塞之一，因关在谷中且深险如函而得名。

增。刚才正赶上他们发怒，不敢献上去，你替我献给他们吧。"张良说："遵命。"

张良估计刘邦快到大营时，才进去辞行，他说："沛公酒量小，已经醉了，不能前来告辞，叫我奉上白玉璧一对，敬献给项王；玉杯一对，敬献给大将军。"项羽接受了白玉璧，放到座位上。范增拿过玉杯后便丢在地上，拔出剑砍碎了它，说："唉！这小子不值得共谋大业！日后夺走项王天下的一定是刘邦，我们将来都会被他俘虏。"

刘邦返回霸上后，立即斩杀了曹无伤。

鸿门宴上，众人表面把酒言欢，实则暗藏杀机。鸿门宴的结束，宣告了楚汉战争的开始。

〉〉〉刘邦托名为义帝发丧，率诸侯军攻楚，却惨败于彭城。

刘邦返回霸上后，项羽便率军将咸阳洗劫一空。他将秦朝宫殿统统焚毁，将金库中的财物全部据为己有。随后，他又自称"西楚霸王"。接着，他将各路诸侯分封为王，刘邦被封为汉王。项羽自以为天下无敌，可以称霸了，便率领大军返回了彭城。但是他在咸阳的所作所为，使百姓对他很是失望，也使许多诸侯心生不满。

**公元前206年~公元前202年**
//////////楚汉争锋//////////
## 西楚霸王项羽

## 火烧秦宫，自封霸王

在鸿门宴上，项羽提出了诸多苛刻的条件，要求刘邦将咸阳和关中交由自己管辖，将秦朝遗民全部交由自己处理，同时要求刘邦驻军霸上，但只能带领原先的部队，而且要听令于自己，刘邦都爽快地答应了。其实，项羽始终没有同意范增斩杀刘邦的计划，其妇人之仁是一方面的原因，最直接的原因还是刘邦接受了他的所有条件。鸿门宴后，项羽成为所有反秦军队的统帅，随后便率军从鸿门前往咸阳。

项羽与刘邦不同，他并没有被咸阳城富丽堂皇的宫殿所迷住，进入咸阳城后，便回忆起当年楚怀王（历史上有两个楚怀王，此处指熊槐）被骗入秦最终客死他乡以及项梁惨死于秦军的往事，这些国仇家恨让他对秦朝愤恨不已。大怒之下，项羽处死了子婴，并放火焚烧秦宫，大火烧了三个月不熄。

这时，又有人提出，残害六国百姓的不只有秦王，还有秦国的官员。于是，项羽下达命令，将秦国贵族和官员统统处死。一时间，咸阳城血流成河。秦国百姓看到此种惨况，人人自危。此时此刻，项羽在他们眼里与暴君无异。

这时，一个叫韩生的人对项羽说："关中自古以来便是兵家必争之地，易守难攻。如果想一统天下，就必须占领关中。"项羽听后，说道："人们一旦发达了，就应该回家乡。否则就如同穿着华丽的衣服走夜路，根本没人看得见。"韩生出去后，气愤地说："早听说楚人虚有其表，胸无大志。果然如此！"项羽得知后，便杀了韩生。

当初追随项羽西进灭秦的所有诸侯都盼望灭秦后可以受封为王。在这种形势下，项羽决定按功劳大小重新划分领地，便让人前去请示楚怀王熊心。怀王让他按原先的约定处理。项羽听后，气愤地说道："怀王没有丝毫战功，根本没有资格处理天下大事！当初，我们为了合力推翻暴秦，才拥立他为王。但是，众所周知，灭亡秦朝是我们南

◀（汉）动物纹金饰牌

◎看世界／大西庇阿进逼迦太基　　　◎时间／前204年　　　◎关键词／汉尼拔救援

◀阿房宫图卷

秦始皇统一六国后大兴土木，下令修建阿房宫。阿房宫为双层建筑，气势雄伟，因为工程浩大，至秦灭亡时尚未完工。据传，尚未完工的阿房宫最后被项羽焚毁。

征北战了三年之久才实现的，可以说，灭秦的最大功臣是我和诸位。"各诸侯的利益与项羽一致，所以都表示支持项羽。

紧接着，项羽便召开了会议。在此次会议上，项羽尊楚怀王为"义帝"，自封为"西楚霸王"，然后按自己的喜好分封了十八路诸侯，其中以汉王刘邦、九江王英布最为著名。但是，项羽分封诸侯时任人唯亲，所以此举不但没有凝聚各路诸侯，反而加剧了他们之间的矛盾。

## 诸侯反叛，霸王平乱

分封完毕后，项羽命令诸侯们前往各自封地。诸侯们虽然很气愤，但在项羽的威慑下，最后都率部赶往自己的封地。与此同时，项羽也率部带着从咸阳宫中抢来的财宝和美女返回老家彭城。他的所作所为，使百姓们失望至极。

不久，齐将田荣最先起兵反对项羽，他先将齐王田都驱逐出境，接着将胶东王田市斩杀，随后又派部将将济北王田安杀害。至此，齐国辖地都被田荣占领，田荣自立为齐王。

田荣反叛不久，陈余也起兵反叛，他认为自己和张耳地位平等，但张耳被封侯，自己却没有

任何封地，十分不服，所以联合田荣赶走张耳，占领了赵国封地。接着，他又将赵国分为赵国和代国，自己做代王。

田荣和陈余反叛后，项羽震怒。不过，在他眼中，刘邦才是最大的威胁。因此，他将关中大地一分为三，分别由秦降将章邯、司马欣和董翳镇守，"三秦"之称由此而来。如此分配，就是为了让他们牵制刘邦。

刘邦率军前往封地前，张良建议刘邦在到达封地后，一定要将通向汉中的栈道全部烧毁。刘邦大吃一惊，忙问这是为何，张良说，这样做既可以消除项羽对刘邦的猜疑，也可以断了其他王侯袭击汉中的念头。

刘邦照做后，张良赶去对项羽说："现在汉王已经前往封地，而且将通向外边的栈道全部焚毁了，可见他决定长驻汉中。如今田荣起兵反叛，我建议您立即率军镇压。"项羽听后，表示赞同，从此他不再派人监视刘邦，而是率军前去讨伐田荣。

刘邦到达汉中后，任命萧何为相，曹参、樊哙、周勃为将军。同时，他下令发展生产，操练士卒，开始为将来争霸天下做准备。

项羽在咸阳城的疯狂屠杀，已经使其丧失了民心；在分封诸侯时，他任人唯亲的行为更引起了很多人的愤慨。项羽的所作所为，使他难成天下之君。

〉〉〉刘邦遣韩信攻魏，俘虏了西魏王魏豹，把河东并入汉郡。

公元前206年~公元前202年
////////楚汉争锋////////
## 汉王定三秦

当初，楚怀王曾与众诸侯约定，谁先入关，谁就是关中王。刘邦最先入关，然而，项羽却没有遵守约定封其为关中王，刘邦为此十分气愤。但项羽实力强大，刘邦也只能忍气吞声。后来，他终于抓住时机，率军将关中大地全部占领。自古以来，关中就是兵家重地，占领关中后，刘邦开始了东进争夺天下的步伐。

### 韬光养晦，平定三秦

进入封地后，刘邦立即下令整饬军队，储备军用物资，积极为东进做准备。在此期间，刘邦得到了一位杰出的军事统帅——韩信。

韩信，淮阴人，出身于贫穷之家，既受过乞讨之苦，又受过胯下之辱。反秦起义爆发后，他便加入了项氏义军，在军中担任郎中。他虽然谋略过人，但其计谋从未受到重视。刘邦率部入汉中时，韩信便投于汉王麾下，被任命为大将。

韩信为将后，为刘邦分析道："主公如果想一统天下，那就必须将三秦大地拿下，因为三秦的战略地位非常重要。可以说，占据三秦是夺取天下的基础。"刘邦认为韩信的分析非常正确，于是决定按照他的建议行事。

经过分析，刘邦等人一致认为攻打三秦一定能成功，原因有三：

第一，军队的士兵们攻下三秦就可以回到故乡。因此现在应立即出兵攻打关中，然后兵临彭城，与项羽一决胜负。胜利后，士兵们便可以返回家乡了。士兵们在归乡情绪的激励下，一定会士气高涨。

第二，三秦百姓可用。当年三秦王率领众多三秦子弟东征义军，结果死伤惨重，这使当地百姓痛心不已；加上项羽曾将二十万秦军坑杀，又在咸阳烧杀掳掠，让三秦百姓对其愤怒不已。至于三秦王，当地百姓对其更是恨之入骨。因此，只要收拢民心，必可攻克三秦，拿下关中。

▶牛虎铜案
此物出土于云南江川李家山。高43厘米，长76厘米，由二牛一虎巧妙组合而成。大牛的四脚为案足，牛背为案面。一只猛虎四爪紧蹬于牛身上并咬住牛尾。大牛腹下立一头小牛，小牛头尾稍露出大牛腹外。此器物生动地表现了大牛牺牲自己保护小牛犊的情景。

第三，可以利用诸侯们因项羽分封不公而引起的不满情绪。当初，项羽打着"按功分封"的旗号，实际上却是"因亲分封"，这引起众诸侯的不满，分封完毕后各诸侯王之间便开始了争夺封地的大战。趁诸侯王混战之机出兵，必定能够拿下三秦。

于是，刘邦开始整军备战，攻打三秦。

公元前206年秋，韩信与曹参、樊哙出兵南郑，转向故道，迂回至章邯军侧后发动突然攻击，获得全胜，汉军迅速推进到陈仓附近。章邯感到形势严峻，立即率军支援陈仓，被汉军一举击败。首战失利，章邯命军队分向废丘和好畤两方撤退。汉军乘胜追击，再次大败章邯军。

与此同时，汉军兵分三路攻打其他三秦要地。第一路由周勃率领，在攻克漆县击败秦将章平和姚印后，又占领了一些地方，一路势如破竹；第二路由靳歙和郦商率领，占据了陇西诸郡；第三路由灌婴率领，兵临栎阳后，塞王司马欣出城投降，接着汉军北上上郡，翟王董翳也出城投降了。

至此，汉军攻占关中大部分地区，基本实现了平定三秦的战略目标。

## 采取措施，巩固后方

为了巩固战果，刘邦在占领关中后采取了很多措施。

首先，在平定三秦后，刘邦马上攻克陇西，

**▼背水一战**
韩信率军攻打赵王歇，汉军背靠河水排列阵势，大败赵军，正是："陷之死地而后生，置之亡地而后存。"

并不断向北进军，生擒章平。稍事休整后，刘邦亲率大军出关，击败河南王申阳和韩王昌的军队。这样一来，函谷关外到河西的广大地区，都已经成为刘邦的势力范围。

其次，设都建国，建立政权机构以统治辖地。公元前205年，他将栎阳定为国都，并将辖地按郡县制重新划分。此外，他还设置了政权机构，任命了行政官员，在地方上分别设置县令、丞、尉；在县、乡中则设立"三老"。三老选的是当地五十岁以上的有威望的人。三老的职责就是协助当地官员管理地方上的教化事务。

再次，招纳降军，扩充实力。平定三秦后，刘邦发布诏令：谁若率部或以郡来降，就封谁为万户侯。面对如此优厚的条件，沛郡人王陵首先率部归降刘邦；接着，张耳率领残部也投奔而来。

再次，减轻人民负担，发展农业。刘邦下令整修河道，释放犯人，分割原先秦朝皇家园林的耕地给百姓，免除关中百姓两年租税，免除关中士兵一年赋税。刘邦还废秦法立汉律。

最后，对关外百姓施恩，加以安抚。

以上措施的实行，使百姓尽享福泽，同时也使刘邦得到了关中百姓的拥护，如此一来，关中便成了其根据地，这就为刘邦击败项羽、一统天下奠定了坚实的基础。

〉〉〉韩信率军一举歼灭赵军，活捉赵王歇，赵国灭亡。

◎看世界／波里比阿　　　　◎时间／约前200年~约前118年　　　　◎关键词／历史学家　《通史》

刘邦占据关中后，率军出关大战项羽。一开始，刘邦连吃败仗，连家人都被项羽擒获。后来，刘邦逐步占据了优势，而项羽却陷入了兵穷粮尽的困境。无奈之下，项羽只得与刘邦划分辖地，签约议和。其实，划分"楚河汉界"只是刘邦的权宜之计，他早就立下了消灭项羽、一统天下的决心。

### 公元前206年~公元前202年
//////////楚汉争锋//////////
## 楚汉分界

## 号召诸侯，讨伐项羽

关中平定后，刘邦发现项羽已经陷入齐赵联军的夹击中。他认为出兵争夺天下的时机已经到来，所以决定出关东进。就在这时，义帝被项羽阴谋杀害，刘邦闻讯后痛哭不已，随后宣告天下，希望天下诸侯合兵一处，共同讨伐项羽。这样，刘邦便在舆论上占得了先机。接着，他以为义帝发丧为名，派人联络诸侯，公开声讨项羽，从而拉开了楚汉战争的序幕。

公元前205年春，刘邦率领灌婴、曹参等将进攻魏王豹，魏王豹未作抵抗便投降，并与刘邦合兵攻击殷王司马卬。汉军犹如神兵天降，而司马卬事前并未做任何准备，所以临战便败，也投归刘邦。很快，刘邦便占据了河内地区。

形势对项羽非常不利，此时他仍陷于齐地无暇西顾。于是，刘邦趁项羽在齐国无法回军的机会，率领军队渡过黄河，占领了洛阳以东的广大地区，接着一举攻占彭城。项羽闻讯后，急率精兵支援彭城。双方在彭城西相遇，结果汉军大

败。刘邦大军虽有六十万，但最后全部溃逃。不久，汉军又在沛县大败，死伤惨重。接着，项羽与汉军在彭城睢水上大战，汉军仍大败，尸体堵塞了睢水。

最后，刘邦被项羽军团团围困。就在刘邦无路可退之时，突然大风骤起，碎石横飞，转眼间天昏地暗，漆黑一片。项羽军中乱成一团，刘邦便乘乱逃出重围，赶到下邑，遇到了内兄吕周的大军。而各诸侯王见楚强汉弱，便又纷纷背汉附楚。

随后，刘邦退往荥阳，其军队得到萧何征得的关中兵员的补充，韩信此时亦率援军赶到。刘邦率军在荥阳南打败楚军，阻遏了楚军西进的攻势。此后，楚汉双方便在荥阳地区进入了相持阶段。

为了打开局面，刘邦全力争取项羽手下大将

▶项羽逐范增
刘邦手下谋士陈平施反间计，使项羽以为范增勾结汉军。项羽削其兵权，范增大怒告老回乡。刘邦统一天下后曾说："项羽有一范增而不能用，此其所以为我擒也。"

英布，通过各种方法联合反楚力量。项羽也数次派人切断汉军运粮通道，并最终围困了汉军。

走投无路之下，刘邦准备与项羽议和，并提出以荥阳为分界线划分领土。项羽认为可以答应，但范增坚决反对，他认为现在正是消灭汉军的最佳时机，如果纵虎归山，必将后患无穷。于是项羽决定继续围攻荥阳。刘邦看到范增破坏议和之事，非常生气。为了除掉范增，刘邦用陈平的反间计，使项羽开始怀疑范增。此后，凡是范增的计谋，项羽都不予采纳。范增失望之下，踏上了回乡之路。由于年老多病，再加上受气，范增病逝于回乡途中。自此，项羽身边再无善于谋划之人了。

随后，项羽猛攻荥阳，此时刘邦已然无路可逃。这时，汉军大将纪信决定假扮刘邦，投降项羽。当化装成汉王模样的纪信坐在车上出降时，刘邦等人便乘机突出重围。项羽知道上当后，气愤至极，下令烧死纪信以泄愤。

## 相持不下，鸿沟分界

项羽占领荥阳后，立即率军奔赴成皋，并一举攻克。不久，成皋又被刘邦率军夺回。项羽马上回师救援，结果双方又在荥阳相持不下。

汉军依仗险要地形，坚守不战。双方对峙数月后，楚军粮食缺乏，既不能进，又不能退，完全陷入被动。而刘邦大军则有萧何不断补充粮草。为了打开局面，项羽以烹煮刘邦之父刘太公（刘太公与刘邦之妻吕雉在彭城之战中为项羽所俘）相要挟，逼迫刘邦出城投降。刘邦说："我和你曾经'约为兄弟'，我的父亲就是你的父亲。如果你一定要煮了我的父亲，那就请便吧。不过别忘了给我也留一碗肉汤。"项羽气得七窍

生烟，当场下令杀死刘太公。旁边的项伯赶紧劝道："将军，现在谁能得天下还很难说，何况争天下的人都是不顾家人生死安危的，杀了他的亲人也不起什么作用，反倒会增加双方的仇恨。"项羽听了，只得作罢。

之后，项羽又约刘邦单打独斗。刘邦大骂项羽，历数他的种种罪状，如违背咸阳之约、杀死首领宋义、杀死秦王子婴、坑杀秦卒二十万、暗害义帝等，还说要率领众将领诛杀项羽。项羽听后火冒三丈，拉弓射了刘邦一箭，结果正中刘邦的胸部。刘邦为了稳定军心、迷惑项羽，便故意弯腰摸脚道："真是蠢物，射技太差了，只能射到我的脚趾。"项羽无计可施，只好率军回营。

楚汉双方一直对峙了一年多，因为有关中和蜀地的支援，刘邦逐渐占了上风，而项羽则兵源缺乏，粮草不足，再也难以和刘邦抗衡。在这种情况下，刘邦让项羽释放自己的家人。迫于无奈，项羽答应了刘邦的条件，并和刘邦签下了停战协定：楚汉以鸿沟为分界线，东西分治，东归楚，西归汉。

楚汉分界是项羽实力由强盛走向衰弱的标志。

◀**高方座承兽铜盘**
出土于新疆乌鲁木齐阿拉沟墓，上为方盘，宽平折沿，盘中央立双兽，形似狮子，盘下为方形喇叭状高圈足。

划分楚河汉界后，项羽已经丧失了战略优势，但他深信鸿沟和约之力，对汉军没有丝毫戒备，便率军后撤，这给了刘邦乘势追击的机会。面对刘邦大军的咄咄逼人之势，项羽决定退守垓下，这是一个重大的战略失误。其实，项羽并不是无路可退，但他却顽固地与刘邦对峙，最终导致楚军陷入汉军的重重包围之中。

## 撕毁和约，攻击霸王

项羽签约后，便马上领兵回归后方基地。此时，占据齐鲁大地的韩信也已经自立为齐王。

项羽走后，刘邦本来也打算领兵回关中。但是，张良和陈平极力劝说刘邦趁机灭掉项羽，因为这时项羽缺粮少兵，若让他回到彭城，就等于纵虎归山。刘邦听了赶紧命令追击，同时命令韩信和彭越快速进兵，攻击项羽。

公元前202年，刘邦率领大军追上了项羽，但是到了固陵时，韩信和彭越的军队却还没有到来。项羽察觉后，便向汉军发动猛烈反击，并一举将汉军击溃。

眼见形势不妙，刘邦问谋士张良："如今我们陷入如此境地，韩信和彭越却没有按时赶来，军师有什么良策吗？"张良说："项羽现在已经是强弩之末，而韩、彭二人尚未得到封地，肯定是在静观其变。唯今之计，只要主公许诺将来对二人封地赐爵，他们两个肯定会火速进兵的。当

初，主公不愿意封韩信为齐王。至于彭越，攻克梁城后，由于魏王豹在位上，所以只能当丞相。如今，魏王豹已死，他当然希望可以做魏王了。因此，现在只能封给韩信齐地，封给彭越梁地。如果这样做，他们两人肯定能合力攻楚。到那时，项羽必败无疑。"刘邦很赞同张良的看法，便马上派人去见韩信和彭越，许诺二人击败项羽后立即封他们为齐王和梁王。韩信和彭越也很快有了回音：立即进兵。

此前，刘邦为了联合南方诸侯共攻项羽，已经封英布为淮南王。至此，汉军南、北、中三路大军与楚军最后的决战一触即发。

不久，韩信率军南下，以一部兵力引诱楚军出击，双方战于九里山一带。楚军掉入韩信大军的埋伏圈，大败而逃。紧接着，韩信命令骑兵部队向彭城进攻，一举占领彭城，楚国许多大将都被汉军俘获。之后，汉军接着向萧、谯、苦等地推进，并相继攻克了江东大部分地区，最后兵临项羽的大军后营。

项羽兵败，再失彭城，此时江东大部分地区都已被汉军占领，他眼见无法稳定局势，便率领亲信将领们携物资撤退。公元前202年冬，项羽率军撤退到垓下，他和季布、钟离昧等人分析后认为，垓下易守难攻，是一个非常理想的军事要地，因此众人决定在垓下整军备战，迎击汉军。

**公元前206年~公元前202年**
////////楚汉争锋////////
# 垓下之战

▲霸王别姬

楚霸王英雄末路，虞美人自刎殉情——这悲情的一幕已定格在文学作品中，定格在传统戏曲的舞台上，成为中国古典爱情传奇中荡气回肠的一幕。

》》》刘邦封英布为淮南王，首置淮南国，都六安，辖九江、庐江、衡山、豫章等郡。

◎看世界/伊达拉里亚起义　　　　◎时间/前196年　　　　◎关键词/反罗马 失败

◀垓下古战场遗址
垓下古战场位于安徽灵璧，是楚汉双方最后决战的战场。

## 诸侯合击，垓下被围

得知项羽率军向彭城撤退，韩信便一直率军追击。项羽退至垓下后，楚旧将周殷投归刘邦，后又率领九江军占领了楚地，随后还联合汉将刘贾攻占了城父。当时，垓下东北驻扎着齐王韩信的齐军，西南驻扎着英布的部队，北部驻扎着梁王彭越指挥的梁军。各路大军将垓下彻底包围后，便开始积极准备与项羽军的大战，以求将项羽军完全消灭。

经过一番考察后，韩信决定在垓下设下十面埋伏，然后设法将项羽引入埋伏圈。为了让项羽中计，韩信让士兵冲着楚营大喊："人心都背楚，天下已属刘；韩信屯垓下，要斩霸王头！"

项羽听后，怒骂道："你这逆贼，死不足惜。如果有胆量，马上出来与我一战，我定会亲手砍下你的头！"随后，他果真率军攻击韩信军，但很快发现四周都是汉兵，这才明白自己中计了。

不久，刘邦、韩信、刘贾、彭越、英布等率领各路军队大战楚军。汉军以韩信军为主力，孔熙军和陈贺军为辅，刘邦则率军跟进，周勃率军断后。结果，汉军大败楚军。

垓下之战是楚汉之争的终点，在中国历史上具有非常重要的意义。因规模空前、影响巨大，垓下之战被列入世界古代七大著名战役，有"东方滑铁卢"之称。

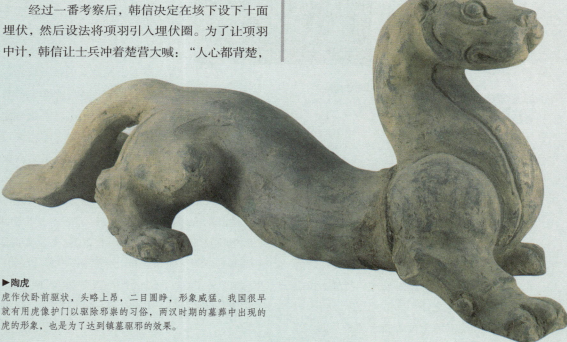

▶陶虎
虎作伏卧前驱状，头略上昂，二目圆睁，形象威猛。我国很早就有用虎像护门以驱除邪祟的习俗，两汉时期的墓葬中出现的虎的形象，也是为了达到镇墓驱邪的效果。

项羽被汉军围困于垓下后，四面汉军都唱楚歌，使他误以为楚地尽失。项羽惊恐之下，方寸大乱，竟然抛下十万大军，仅率八百余精骑突出重围，来到乌江边。最后，项羽以无颜见江东父老为由拒不过江，自刎而死。项羽之死，标志着楚汉之争的结束。身为武将，项羽以其勇猛光耀后世；身为君王，项羽却以其愚蠢贻笑大方。

## 公元前206年~公元前202年
## ///////楚汉争锋///////
# 楚霸王自刎乌江

都泪流满面，全军都沉浸在悲伤的气氛之中。

安葬虞姬后，项羽跨上战马，部下八百多人骑马跟随，当晚便突出重围。直到天亮时分，汉军才察觉，韩信立即命令将领灌婴率领骑兵追击项羽。项羽急于突围，结果许多骑兵未能跟上他，当他渡过淮河后，身边只剩下一百多名骑兵。

项羽逃奔到阴陵时迷路了，于是向一个农夫问路，老农骗他说："往左拐。"项羽便率部往左

## 四面楚歌，霸王别姬

项羽被汉军围困于垓下，军队缺兵少粮，处境非常艰难。在前线作战的楚兵，每当停战时，便听到四周有人在唱楚地歌曲。士兵们听到故乡的歌曲，再看看自己现在的处境，不由心生凄凉，战斗力也因此大打折扣。此时，项羽的叔父项伯已经被刘邦收买，他反复规劝项羽夜间巡营，就是为了让他听到楚歌，以此来瓦解他的斗志。项羽听到这些歌声后，吃惊地说："汉军已经攻占了楚国全境了吗？为什么他们军中会有如此多楚人呢？"为此，项羽很是烦恼，经常饮酒消愁。

不久，许多曾追随项羽南征北战的士兵均不辞而别。最后，楚军大将只剩下虞子期和桓楚，而士兵则只剩千人。

项羽有位宠妃，名叫虞姬，还有一匹宝马，叫骓。项羽想到伤心处，便边喝酒边唱歌："力拔山兮气盖世，时不利兮骓不逝，骓不逝兮可奈何，虞兮虞兮奈若何！"虞姬听到此歌，不胜伤感，也唱道："汉兵已略地，四方楚歌声。大王意气尽，贱妾何聊生？"唱完便抽刀自杀了。项羽看见爱姬自刎而死，不禁泪流满面。其属下看到这种惨状，也

▲项羽衣冠冢
今安徽和县乌江镇东南的凤凰山上建有霸王祠，祠中有项羽衣冠冢。衣冠冢由青石砌成，呈椭圆形。

走，但没走多远，众人的马匹就陷入了一片低洼地里。眼看汉军就要追上来了，项羽又率部向东走。到了东城的时候，他身边只有二十八个骑兵了，而追击的汉军则有几千人。

项羽估计这回无法逃脱了，便对手下骑兵说："我从起兵打仗到现在已经八年了，经历过七十多次战斗，几乎从没有败过，因此才称霸天下。但是，我今天却被困在这里，我已抱定必死之心，愿和大家痛快地打一仗。我发誓，在强敌包

围之中，我也可以斩杀汉将，砍倒帅旗，让各位明白，这是上天要亡我，而不是我不会打仗。"

随后，项羽就把他的随从分为四队，朝着四个方向冲杀。项羽大声呼喝向下直冲，很快就斩杀了汉军一员大将。汉军把军队分成三部分，重新包围上来。项羽又冲出去，斩了汉军又一员大将，并杀死一百多人。之后，项羽清点他的骑兵，发现只不过损失了两个人，便问他的随从："我打得怎么样？"骑兵们都佩服地说："大王真是勇猛无敌！"

## 无颜过江，自刎身亡

接着，项羽趁乱杀出重围，一路向南狂奔，来到了乌江边。当时，乌江的亭长正撑船靠岸等待项羽，他对项羽说："江东虽然地方小，但也方圆千里，还有几十万的百姓，足够您称王，请大王急速过江。这里只有我有船，汉军即使追到这里，也没有船只可渡。"

项羽说："上天要灭我，我还渡江干什么？我当初带领江东子弟八千人渡过乌江向西挺进，但现在无一人生还，即使江东的父老兄弟怜爱我，仍然拥我为王，我也无脸见他们哪！我知道您是忠厚的长者，这匹马跟随我五年了，它日行千里，我不忍心杀掉它，就把它送给你吧！"说完，项羽便命令部下下马，拿刀与汉军厮杀。项羽一人就杀死汉军几百人，但他本人也受了重伤。

此时，项羽已经无力再战了。他突然看到了汉军骑兵司马吕马童，便对他说："你不是我的老战友吗？我听说汉王用黄金千两封邑万户悬赏征求我的脑袋，我就将此头送与你吧！"说完就自杀了。

项羽死后，刘邦很快便平定了西楚大地。在张良的建议下，刘邦以国君之礼厚葬了项羽，而且还亲自祭奠他。

▼项羽乌江自刎
项羽英雄末路，带着少量兵卒逃至乌江，最终自刎于江边。

# 少年读全景中华上下五千年 2

—————— 秦汉纷争 ——————

## 西汉王朝///统一强盛的王朝

公元前 2 0 2 年 ～ 公元 2 5 年

〉〉〉刘邦称帝,成为西汉王朝的开国皇帝,史称汉高祖。西汉初建都洛阳,后迁到长安。

公元前202年,刘邦登基称帝,建立了大汉王朝,并采取众多措施来巩固政权。政治方面,汉承秦制,刘邦沿用了秦朝建立的中央集权制度;经济方面,汉初采取休养生息之策,减轻人民的徭役负担。

公元前202年～公元25年
//////////西汉王朝//////////
# 刘邦称帝

## 称帝建汉,迁都长安

公元前202年,刘邦按照与韩信、彭越的约定,立韩信为楚王、彭越为梁王。此外,刘邦还下令赦免全国的罪犯。此时,刘邦已然成为天下统帅。不过,为了避免重蹈项羽裂土封王导致诸侯纷争的覆辙,刘邦并未马上按功封赏,只是将韩信、彭越、张耳和英布等功勋卓著的人封了侯。

为了稳定局势,许多诸侯联合文臣武将共同上书刘邦,请他即位称帝。刘邦起初假意辞让,但众人说:"大王虽然出身贫寒,但能率领众人灭亡秦朝,诛杀项羽,统一天下,功劳显著,所以您称帝是众望所归。"刘邦顺水推舟地说:"既然大家一致要求我当皇帝,为了天下百姓的福祉,就按你们说的办吧。"

不久,刘邦登基称帝,定国号为汉,史称汉高祖。刘邦认为洛阳有龙虎之气,于是定都于此。同时封吕雉为皇后、刘盈为太子。不久,刘邦又大封功臣,有七位功臣被封王:楚王韩信、赵王张耳、韩王韩信(为避免与受胯下之辱的功臣韩信混淆,史称韩王信)、梁王彭越、淮南王英布、燕王臧荼、长沙王吴芮。

▶汉高祖刘邦像
刘邦在楚汉之争中战胜了项羽,建立了汉朝。建朝之初,他下令休养生息,以文治天下,同时尊崇儒学,取得了良好的效果。

〉〉〉刘邦封开国功臣吴芮为长沙王，在原秦朝的长沙郡建长沙国。

◎看世界／地米特留斯　　　　◎时间／约前190年~前167年　　　　◎关键词／大夏国王

随后，刘邦在都城洛阳大宴群臣。席间，刘邦说："夫运筹帷幄之中，决胜千里之外，我不如张良；镇国家，抚百姓，给馈饷，不绝粮道，我不如萧何；连百万之众，战必胜，攻必取，我不如韩信。他们三位都是人中龙凤，我能任用他们，所以取得了天下。项羽只有一个范增，却不用，所以被我击败。"群臣听后，无不敬服。

不久，有一个叫娄敬的人面见刘邦，说大汉和先前的周朝不一样，所以不应该像周朝那样定都洛阳，应该到关中定都，这样便可以在秦地固守险地，国家才能长治久安。张良十分赞同娄敬的建议，也认为关中是"金城千里，天府之国"，进退自如，因此力劝刘邦迁都长安。最后，刘邦同意了迁都之议，很快便将都城迁到了长安。

## 继承秦制，巩固皇权

汉朝的政治制度，几乎全部沿用了秦朝的，中央实行三公九卿制，地方实行郡县制。除此之外，汉朝还实行封国制。所谓封国制，就是让诸侯王治理封地属国。后来，经过刘邦的清理，汉初分封的七个异姓王，除了长沙王吴芮外，其余都被消灭。此后，汉高祖又分封了九个同姓王，他们都是高祖的子侄兄弟。不过，同姓王仍然叛乱不断。

为了显示皇权的威严，刘邦可谓煞费苦心。连他的父亲刘太公看到刘邦也要躬身行礼。不久，刘邦又下诏尊太公为太上皇，这样不但显示了皇帝的威严，也显示了皇帝的孝敬之心。

接着，刘邦通过处理季布和丁公来威慑群臣。楚汉之争时，季布和丁公都是项羽手下的大将。季布几次领兵将刘邦打败，丁公也领兵追击过刘邦，但最后放过了他。刘邦做皇帝后，记恨季布打败过自己，就把他抓了起来。但想到自己也需要这样的忠臣来辅佐，就不再记仇，不但放了他，

还对他封官加爵。丁公听说后，觉得连季布这样给过刘邦难堪的人都能做官，他这个曾对刘邦有恩的人就更不用说了。不料，他却被刘邦逮捕下狱。刘邦在朝廷上对众臣道："丁公做项羽的将领时不忠，就是他这种人使项王败于我手。"刘邦下令处死了丁公，以警示众人要做忠臣，不要学丁公。

在思想上，西汉以儒家思想为主，以法家思想为辅，取消秦朝"严刑峻法"的做法，废除连坐法及夷三族，提出了"德主刑辅"（即以教化为主、刑罚为辅）的思想，取得了宽柔相济、严松相当的统治效果。

由于秦末农民起义的打击，社会生产受到严重破坏，农民生活困难。汉初采取了休养生息的政策，减免徭役，减轻人民负担。这些措施的实行，使百姓得以生息，民心得以凝聚，生产得以发展。到高祖末年时，社会经济已明显好转。

刘邦生于乱世，起兵反抗暴秦，经过一番血战，最终一统天下，建立了大汉王朝。在其统治期间，汉朝建立了一套行之有效的政治体制和经济制度。大汉王朝是中国历史上实力最强大的王朝之一。

**▲神人祥兽宜字玉牌**
玉牌主体呈长方形，中心透雕"宜"字，上部雕刻舞袖仙人和腾云神兽，下部为卷云纹。整个玉牌构思奇妙，立意深刻，雕琢精细，堪称佳品。

○看世界 / 马格尼西亚决战　　　　○时间 / 前190年　　　　○关键词 / 小亚细亚 安条克

公元前202年～公元25年

///////////西汉王朝///////////

## 开国良相萧何

萧何，汉初三杰之一。刘邦起兵之初，萧何便已跟随左右。在刘邦一统天下的过程中，他立下了汗马功劳。刘邦被封为汉王后，便任命萧何为相。此后，萧何又将韩信推荐给刘邦。楚汉争霸时，萧何镇守关中，将关中打造为汉军的根据地。刘邦处于困境时，萧何征召士兵，筹备粮草，并源源不断地运往战场。正是因为拥有强大的后勤保障，刘邦才能最终击败项羽，一统天下。刘邦登基称帝后，论功行赏，封萧何为侯，位列众卿之首。

### 辅佐刘邦，赢取天下

萧何，沛县丰邑中阳里人。萧何曾当过沛县的主吏掾，平日十分好学，对历代律令很有研究。萧何很喜欢结交朋友，他与刘邦是贫贱之交。当时，刘邦只是一个小亭长。

公元前209年，刘邦起兵抗秦，不久率军直抵关中。萧何当时则负责管理地方事务，保障军队的后勤供应。

公元前206年，刘邦率军进入咸阳。不久，项羽也率军入关，并自封为西楚霸王，同时封刘邦为汉王，以偏僻的巴、蜀和汉中地区作为刘邦的封地。刘邦憋了一肚子气，要和他决一死战。

萧何冷静地分析了当时的形势，劝刘邦不要逞一时意气，并说："您在汉中称王，即使条件再差，也比白白去送死好吧？"刘邦不解地问道："怎么是白白送死呢？"萧何答道："主公现在的实力不如项羽，如果贸然去攻打他，肯定会败，这难道不是白白送死吗？现在看来，蜀中地势险要，最适合我们积蓄实力。只要我们关爱百姓，广纳贤才，日后同样可以争夺天下。"

刘邦听了萧何的话，如梦初醒，连连称是。之后，他封萧何为丞相，并率军进入汉中，休养生息，为一统天下做准备。

### 坐镇关中，保障军饷

不久，刘邦率军向东进发，留下萧何管理巴、蜀，为大军提供粮草。很快，刘邦便率军占据了关中。随后，刘邦让萧何管理三秦大地，安抚民心，同时还要征召兵员，筹备粮草，为汉军提供后勤保障。

萧何入关后，看到关中因战事而破败不堪，便立即采取措施，收拾关中的残破局面。他

◀（西汉）半环形铰链提梁铜奁
高20厘米，口径13厘米，圆口，直腹，平底，底部附三个极矮的兽蹄形足，扁平盖，盖正中有一个乳头状的捉手。提梁中部为一半环形提手，两端是铰链，与肩部的一对桥形纽衔接。

〉〉〉韩王信以马邑之地向匈奴请降，背叛汉朝。

◎看世界／孔雀帝国灭亡　　　　◎时间／前187年　　　　◎关键词／补沙弥多罗

▲ "萧何月下追韩信"瓷画砖

"萧何月下追韩信"的故事千百年来广为流传，脍炙人口，是文学、戏剧和绘画作品中常见的题材。

一方面对百姓施恩，安抚民心；一方面颁布法令，建立行政机构，选拔有德行的人，教化民众。

另外，萧何还开放了原来秦朝的皇家园地，让百姓耕种，并减免租税。这些措施使关中的农业生产很快走上了正轨，也保证了汉军的粮草供给。

楚汉之争中，萧何坐镇关中，征召士兵，运送粮草，为汉军提供后勤保障；教导太子，制定法令，建立宗庙秩序。

每当刘邦缺兵少将时，萧何便立即调拨兵员前去增援。正是有了强大的后勤支持，刘邦才能屡败屡战，终至胜利。

## 开国功臣，众卿之首

公元前202年，刘邦称帝后，大宴群臣，论功行赏。刘邦认为张良、萧何、韩信是自己最得力的功臣，但萧何应居首功，于是封他为"酂侯"，食邑也最多。很多功臣因此愤愤不平，说他们都身经百战，而萧何只不过负责后勤管理，毫无战功，为

什么他的食邑反而最多。听到这些议论，刘邦便问大臣们："你们知道猎狗吗？打猎的时候，追杀野兽的是猎狗，指示行踪、放狗追兽的是猎人。如今诸位只是能猎获野兽，相当于猎狗。至于萧何，他能放出猎狗，指示追逐目标，相当于猎人。况且你们只是自己一个人追随我，多的也不过带两三个家里人，而萧何却是全族人都跟随我，这些功劳怎么能抹杀呢？"群臣听后，都无言可答。

分封完毕，接着是排位次。群臣都说："平阳侯曹参功劳最大，他攻城略地，战功赫赫，身受七十多处伤，应排第一。"刘邦已经封萧何为侯，对排位次的事也就不好再说什么，不过，他心里仍然认为萧何应该排在第一。

这时，关内侯鄂君说："在楚汉相争中，陛下有好几次都是全军溃败，只身逃脱，全靠萧何从关中派出军队来增援。有时，就是没有陛下的

〉〉〉有人告发楚王韩信谋反，刘邦剥夺了韩信的兵权，改封他为淮阴侯。

命令，萧何也一次派遣几万人，正好救了陛下的急。不仅是士兵，就是军粮也全靠萧何在关中供应，才保证了军队的后勤。这些都是流传后世的大功劳，怎么能把像曹参等只是立过一些战功的人列在萧何的前面呢？应该是萧何功劳最大，曹参次之。"

这番议论正中刘邦下怀，于是刘邦便把萧何列为第一，并特许他穿鞋带剑上殿，而且还封赏了萧何的父子兄弟十多人。就这样，萧何成为西汉第一功臣，被称为"开国第一侯"。

## 功高遭疑，自污名节

自西汉开国以来，刘邦对萧何信任有加，恩宠备至。但是，当刘邦带兵出征后，却常常派使者回长安询问萧何的近况。当使者告诉高祖，萧何如何关爱百姓，百姓如何拥护萧何时，刘邦便沉下脸去，不言不语。萧何对刘邦的这一举动很是疑惑。

一天，萧何将此事告诉了一个门客。门客忙对萧何说道："相国大人，灾难就在眼前，你赶快采取措施补救吧！"萧何听后，惊问原因。"你居相国之位，功称第一，如此勤勉，还想再高升吗？大人从入关中开始，至今已十余年了，深得百姓拥戴。皇上之所以不断地询问您的情况，就是怕您深得民心，有反叛之意。依我之见，大人不如在京师多置田地，强迫百姓贱价卖地，败坏自己的名声，使关中百姓都骂你。这样，皇上知道你贪财，没有政治野心，也就放心了。"

萧何自任相国以来，一心为国，不谋私利，但为了消除皇上对自己的猜忌，他不得不采纳这位门客的建议，故意欺行霸市，抢夺百姓物产，自污名声。果然，萧何的骂名很快就传到了刘邦那里，听后，他心里畅快无比。出征归来后，关中百姓拦

▲刘俊《汉殿论功图》

出自明代画家刘俊之手，画中描绘的是汉高祖刘邦建国后其功臣们在殿上争功邀赏的场景。

道向高祖上书，控告萧相国欺压百姓，欺行霸市。高祖回朝后，笑着对萧何说："相国竟如此大胆，抢夺百姓物产，欺行霸市！"随即便把百姓的上书交给萧何，说："你自己去向百姓谢罪吧！"从此刘邦便不再怀疑萧何了。

无论是在楚汉争霸时，还是在汉朝建立后，萧何的所作所为，都体现出一个古代政治家的良心和智慧。他一生对国家忠心耿耿，对百姓关爱有加，使大汉王朝国泰民安。正是因为其显著的功绩，他今天依然广受百姓敬仰。

〉〉〉刘邦改东郡为梁国，封彭越为梁王。

身为汉军主将，韩信官高位尊，功高盖世。自投奔刘邦后，他率军攻无不克，战无不胜，直至在垓下围困楚军，逼死项羽。在此期间，韩信几乎从未战败过，可谓常胜将军。作为秦末汉初最优秀的将领，韩信用兵最大的特点便是灵活。韩信算是中国古代战争史上最善于灵活用兵的将领之一，指挥的众多战事都堪称中国军事史上的经典战役。

## 公元前202年～公元25年
///////// 西汉王朝 /////////
## 韩信遭诛

## 功高震主，贬官为侯

刘邦登基称帝后，便立即采取措施巩固皇权。最让他不放心的就是在各地的异姓王，于是他便开始逐个铲除。当时，韩信功劳卓著，兵权在握，威胁最大，因此刘邦决定首先解决韩信。实际上，韩信升为将军后，便引起了刘邦的猜忌。为了让韩信服务于己，他最初让韩信率军征战沙场，

攻城拔寨。在楚汉争霸天下时，韩信率军破魏平赵，收燕伐齐，刘邦便按功封其为齐王；待汉军在垓下围困项羽后，刘邦马上晋封韩信为楚王，以使他远离根基深厚的齐地。建立汉朝政权后，刘邦便开始逐步压制韩信。

公元前201年，有人告韩信谋反。刘邦用陈平的计策，说自己要出外会见诸侯，并通知诸侯到陈县相会，其实是想抓捕韩信。到达陈县后，韩信前来觐见，结果刘邦令武士把韩信捆绑起来。韩信说："古人云：'狡兔死，走狗烹；飞鸟尽，良弓藏；敌国破，谋臣亡。'现在，天下已归大汉，我也该死了！"但后来高祖并没有找到韩信谋反的证据，只得赦免了他，改封他为淮阴

▼韩信被诛

韩信熟谙兵法，战功卓著，为西汉的创建立下了汗马功劳，其用兵之道历来为后世兵家所推崇，但他居功自傲，最后不幸被杀。

>>> 汉高祖率领大军攻打匈奴，
被匈奴军队围困于白登山。

| ◎看世界／第三次马其顿战争 | ◎时间／前171年~前168年 | ◎关键词／珀尔修斯 |

**▲汉中拜将台**

在今陕西汉中，由两座土台组成，相传是刘邦拜韩信为大将时所筑。

少年读全景中华上下五千年·2·秦汉纷争

西汉王朝·统一强盛的王朝

○四四

侯，并对其加以监视。韩信由此开始怨恨刘邦。

韩信深知，刘邦监视自己，主要是担忧自己的才华会对他的政权造成威胁，因此他常称病不朝，终日在家中独自生闷气。韩信十分轻视汉将周勃和灌婴，但现在自己却和他们地位相同，因此深以为耻。

一天，韩信前往樊哙府上，樊哙立即以跪拜礼迎接韩信，并说："大将军光临鄙舍，真是臣下之幸。"韩信离开后，自语道："没想到我竟然落到和樊哙同列的地步！"

朝廷之上，刘邦经常兴致勃勃地和群臣讨论众将领的才能。一天，刘邦问韩信："以寡人之才，你看能带多少兵？"韩信答："陛下能带十万兵马。"刘邦又问："那么以你之才，能带多少兵

呢？"韩信怔了一下，突然狂傲地大笑："对我而言，那是多多益善！"刘邦笑着说："既然多多益善，那为何你的地位在我之下呢？"韩信说："陛下不能领兵，但善于领将，因此我才会为陛下所用。"

在被监视、形同软禁的时间里，韩信与张良共同整理了先秦以来的一百八十二篇兵书，这是我国历史上第一次大规模地对兵书进行整理，为我国军事方面的研究奠定了基础。与此同时，韩信对军中律法也进行了完善和修订。此外，韩信还写了三篇兵法，但都已散佚。

有一天，韩信部将陈豨即将被调往他处任官，来韩信府上告辞。韩信屏退众人，惆怅地对陈豨说道："我可以同你说真心话吗？"陈豨表示一切听从韩信的命令。韩信说："你到任的地方，是屯聚天下精兵之地，而你又是皇上宠爱的臣子，若有人说你反叛朝廷，皇上一定不相信；

但若再有人告你反叛,皇上就会产生怀疑;若还有人告你反叛,皇上定会大怒,并亲率大军讨伐你。因此你不反就是死路一条,如果你下了决心,那么一旦事发,我为你在长安做内应,我们就可得到天下了。"陈豨向来崇拜韩信,便听信了其计谋,许诺一切听从韩信的指示。

## 策划谋反,事发遭诛

公元前197年,陈豨举兵反汉。刘邦大怒,准备亲率大军平叛。韩信以有病在身为由,拒绝同刘邦一起征伐叛军,还让人到陈豨处联系,要陈豨大胆反叛,自己在长安做内应。韩信准备在夜里假传圣旨,赦免监狱中的犯人,利用囚犯攻打皇宫。一切计划好后,只等前方消息。

这时,韩信惩罚了一位犯了错误的门客,并扬言要处死他。那位门客的弟弟听说后,便密告吕后,说韩信要起兵造反,而且将韩信的计划全部告诉了吕后。

吕后大惊,马上召相国萧何进宫商量对策。经过一番谋划,萧何派部下扮作军人,让他在外游走一段时间,最后从长安北边进入都城,假称自己受高祖指令,从前线返回,说高祖已经成功平叛,不久便要还军。

朝臣们听说叛军已灭,都到皇宫道贺,然而韩信却没有来。

次日,萧何派人请韩信进宫,但韩信以有病为由拒绝进宫。萧何又假意探病,来到韩信府上。看到相国亲自来请,韩信知道无法再装病,便出来与萧何面谈。萧何说:"我们交情匪浅,今日前来确实有重要事情相告。"韩信问是什么事情,萧何欺骗他说:"陛下派人回来报信,说叛军已经大败而逃。你今日不进宫道贺,已经引起了群臣猜忌。所以我亲自前来请你入宫,虽然你有病,但还是应该

支撑一下,以消除皇后和群臣对你的猜疑。"听闻此言,韩信便决定与萧何一同入宫道贺。

不料,韩信刚踏进宫门,便被早已埋伏在宫中的武士捆绑起来。韩信情知中计,便大喊萧何救命。萧何却早已去往别处。吕后端坐长乐殿,尽数韩信和陈豨密谋反叛朝廷、阴谋暗害自己和太子之事,随后,也未加审判,便在长乐宫的钟室里斩杀了他,并诛灭其三族。

韩信之死,与其性格有莫大关系。刘邦登基建汉后,韩信居功自傲,目中无人。他对自己和现状没有一个清醒的认识,因此遭受猜忌。他的死也是古代社会"兔死狗烹"的一个典型事例。

身为汉初三杰之一,韩信精通兵书,善用兵法,领兵以来,在沙场拼杀多年,攻无不克,战无不胜,为大汉王朝的建立做出了杰出的贡献;身为军事理论家,他不仅参与整理了先秦兵书,还亲自编写了三篇兵法,在丰富我国军事理论方面也是功绩显著。

▲（西汉）玉剑首

出土于山东巨野,长6.3厘米,宽4.6厘米,厚1.5厘米,其扁圆面钻有三孔,用来将其固定在剑茎顶端。

公元前202年~公元25年

/////////////西汉王朝/////////////

# 田横五百士

在秦末农民起义的大潮中，齐国贵族之后田横也起兵加入了反秦大军，并为消灭腐朽的秦王朝做出了重要贡献。秦朝灭亡后，田横占地称王。刘邦登基称帝后，田横不愿意归顺汉朝，因此刘邦时时刻刻想铲除田横。面对朝廷的巨大压力，田横不甘受辱，自刎而死。田横的死讯传到军中，其部下五百名壮士竟然全部自杀，如此悲壮的场面，在中国历史上实属罕见。

## 从兄反秦，自立为王

田横，狄县人，本为齐国贵族之后。秦朝末年，田横和大哥田儋、二哥田荣起兵反秦。他的两位兄长都曾自立为王。兄弟三人在当地威望很高。

不久，田儋在与章邯的征战中战死。后来，田荣与楚王项羽交战，亦兵败被杀。当时，项羽大肆屠杀齐国百姓，导致齐国百姓纷纷起兵反抗。在此情况下，田横召集残部，得数万兵马，反击项羽。面对田横的阻击，项羽大军无法进退，双方陷入相持状态。

此后，刘邦出关攻城拔寨，占领城池，项羽急忙从齐国撤兵，前去对付刘邦。田横趁项羽与刘邦争战之机，率军收复了齐国的失地。接着，田横立田荣之子田广为齐王，他自己则担任相国，辅佐田广处理政务。从此以后，田横独揽齐国军政大权，事无巨细，都由他来决断。

## 齐国灭亡，避难海岛

不久，韩信率领汉军大败齐军。齐国被攻破后，齐王田广独自逃到高密，田横则败走博阳，丞相田光跑到城阳，大将军田既率领残兵败将跑往胶东。后来，楚军将领龙且率部前来救援齐国，在高密与齐军会合。但是，楚、齐联军不久便在韩信和曹参大军的攻击下溃败，结果龙且战死，齐王田广则被生擒。接着，齐相田光也在汉军的攻击下兵败被俘。

田横听说田广被俘，于是自立为齐王。其后，

▲玉剑璏
玉剑璏是古代剑身玉饰的一种，嵌于剑鞘的中央。此物构思巧妙，造型精美，堪称佳品。

他又打了几仗，但都败了，便逃往梁地。当时，梁地由彭越管辖。不久，曹参进兵胶东，杀死田既。之后，韩信让灌婴率领大军攻打千乘，最后攻克城池，并诛杀了齐国大将田吸，就这样平定了齐国。这时，韩信上书刘邦，请求他赐封自己为齐国之王。刘邦虽然异常恼怒，但由于身处困境，还是极不情愿地答应了。

楚汉之战结束后，刘邦登基称帝，建立汉朝，并封彭越为梁王。当时，田横还在梁地，听说

〉〉〉刘邦将栎阳城改置万年县，辖三万人口，由朝廷中掌管宗庙礼仪的太常对其进行管理，以奉太上皇的陵寝。

◎看世界／罗马入侵迦太基　　◎时间／前149年　　◎关键词／火烧

▲油画《田横五百士》

这幅画是现代美术大师徐悲鸿的油画代表作，取材于田横自刎取义的悲壮故事。

彭越投奔刘邦，害怕彭越出卖自己，便率领门下五百宾客逃入东海之岛。

## 不堪受辱，引颈自刎

刘邦得知此讯后，非常焦虑。在他看来，田横兄弟在齐国经营多年，齐国人都敬重他们，如今田横逃匿海岛，是个隐患，不如让他仍回齐国安定民众。于是，刘邦下诏特赦田横无罪，并派人召他回来。但田横曾烹杀郦食其，郦食其的弟弟郦商现为汉将，田横便以恐遭报复为由，坚决不肯归朝，表示自己情愿做一个普通百姓，在海岛上安度余生。

刘邦对田横始终不放心，于是对郦商说："齐王田横即将回来，如果有人敢动他和他的人马随从，就诛杀九族！"随后，又派人将此诏的内容告知田横，并对田横说，他回到朝廷，不是封王就是封侯，若执意不答应，那朝廷就立即出兵，将其族人全部诛杀。

田横无奈，便带了两个随从前往洛阳面见刘邦。一行人走到离洛阳还有三十里的地方时，田横对随从说："当年，我与汉王一样，都是名震天下的一方诸侯。如今，汉王登基称帝，而我却四处逃亡，现在还要以俘虏的身份去朝拜汉王，我实在愧对先人，也无颜面对尊崇自己的部将，更无颜面对齐地的父老乡亲。我将郦商的兄长杀害，如今却要与郦商同朝为臣，即使郦商不敢犯上报复我，我心中也感到十分惭愧。皇上要见我，也只是希望亲眼看看我失败的模样罢了。这里距离洛阳并不远，如果砍下我的头送去洛阳，我的容貌应该不会有大的变化。我死后，皇上便再也不用担心我会威胁到他了。"说完，他便自尽了。

随从将田横的头带到洛阳，面见刘邦。刘邦

〉〉〉淮南王英布举兵叛乱，刘邦亲自率兵征讨，英布战败被斩。刘邦封刘长为淮南王，淮南国国都由六安迁至寿春。

# 前196年

感慨道："真是遗憾，能说出这样的话，能做出这样的事，确实是壮士。田氏兄弟三人相继称王，真不愧是贤能之人。"刘邦说完，不禁泪流满面，随后任命田横的两名随从为都尉，并以王者之礼厚葬田横。

田横入葬后，他的两个门客在他的坟墓两边掘了两个洞，然后自刎倒在洞里。刘邦知道此事后，认为田横的门客都是贤才，便立即派使者到海岛上招抚留在岛上的五百人。然而，这些人知道田横死后，便全部自杀了。

田横临死之际，言语甚为悲壮，其气魄丝毫不亚于伍子胥。后人在唏嘘田横悲壮的言行之余，也深为门客们自刎殉主的大义所感动。孟子曾说，当生与死、义与利无法兼得时，君子应该舍生取义。但是，纵观历史，古今中外又有几人真正做到了舍生取义呢？

▲（西汉）蘑菇形盖钮铜钟
鼓腹，短颈，圈足，腹部饰宽带纹一周，有盖，盖上布满菱形的镂空孔眼，中心铸一蘑菇状高钮。铜钟造型匀称，铸造工整，蘑菇状盖钮和菱形孔镂空盖更属罕见，为西汉青铜器中的精品。

▶（西汉）弦纹凤鸟钮铜盖鼎
高20厘米，口径20.8厘米，圆敛口，口沿两侧有一对长方形附耳，鼓腹，圜底，下接三条兽蹄形足。

◎看世界／西西里奴隶起义　　◎时间／前137年　　◎关键词／反罗马

公元前202年～公元25年
////////////西汉王朝////////////
## 英布谋反

英布，汉初三大名将之一，曾追随刘邦南征北战，为汉朝建立做出了突出贡献，被刘邦封为淮南王。汉初，英布听说吕后先后阴谋杀害了淮阴侯韩信和梁王彭越后，极为恐惧，担心某一天灾祸也会突然降临到自己身上，不如趁早打算。因此他开始秘密集结部众，准备反叛。刘邦知道后，亲自率军征讨。最后英布兵败被杀。

### 反秦归汉，屡立战功

英布，六县人，出身贫寒，勇武好战。小时候，有人给他算命，说他在受刑之后会被封王赐爵。到壮年后，他果然犯了秦法，遭受黥刑（即在脸上刺字），因此也有人称他为黥布。

英布受黥刑后被送往骊山服刑。骊山刑徒众多，英布结交其中的豪杰之士，逐渐聚集了一支队伍。不久，他率领一伙人逃入江泽做了强盗。

大泽乡起义爆发后，英布率部响应。公元前208年，章邯逐步将陈胜义军击灭，几乎要扫平义军。此时，英布率军北上，大败秦军。项梁率军抵达淮南后，英布便率部投奔项梁。归顺项梁后，英布冲锋陷阵，勇冠全军。此后，项梁拥立楚王后裔为王，自封武信君，封英布为当阳君。不久，项梁在与章邯的大战中身死。随后，楚怀王定都彭城，英布率部保卫彭城。

公元前206年，项羽尊楚怀王为义帝，定都长沙，但暗中却命令英布等人暗杀前往长沙途中的义帝。不久，英布追上义帝后将其杀害。

公元前205年，项羽出兵攻打齐国，向英布征兵，英布称有病在身，不便前往，只派将领率几千人前往。刘邦在彭城击败项羽，英布也托病不

救，致使彭城落于刘邦之手，这就引起了项羽对英布的怨恨。项羽数次派人去召英布，英布害怕，不敢前往。项羽因担心四面受敌，处境不妙，因此没有发兵攻打他。

第二年，刘邦派隋何游说英布，希望他能离楚归汉。隋何来到英布驻地，直接对英布说："楚军现在虽然强大，但天下人认为它是不义之师，相反，汉王得到各路诸侯的拥护，所以说楚不如汉，我想你也清楚。假如你投奔汉王，那么汉王肯定给你赐地封王，到那时，整个淮南都将归你所有。"英布听后，便决定投奔汉王，但不敢马上宣布此事。

这时，楚使者急催英

▲（西汉）错金铜带钩

这件铜带钩被施以错金银工艺，十分华丽。错金银制作过程是先在青铜器表面预铸出设计好的纹饰，纹饰底面需制成高低不平的凹面，然后在凹陷处嵌入极薄的金银片或金银丝，用厝石打磨，使之与器物表面相平，接着再用木炭和清水打磨，使青铜器表面和金银纹饰各显出不同的色泽。

〉〉〉《汉书·天文志》记载："汉惠帝二年，天开东北，广十余丈，长二十余丈。"这是我国最早的关于极光现象的记载。

# 前193年

◎看世界／西西里奴隶起义军建立政权　　◎时间／前137年　　◎关键词／安条克

布发兵救楚。隋何担心英布出尔反尔，便对楚使者说："英将军已归附汉王。"楚使者大惊，起身走了。隋何趁势劝说英布："大王归汉已成事实，应当立即杀掉楚使者。"英布自知已骑虎难下，只好派人杀死楚使者，随后起兵攻楚。项羽知道此事后，马上派项声、龙且攻打英布。几个月后，英布大败，逃到汉地。

英布拜见刘邦时，刘邦无任何欢迎的表示，边洗脚边召见他。英布大怒，后悔归汉，便要自杀。他回到刘邦为自己准备的房间时，发现屋里的用具和刘邦相同，大喜过望。随后，英布派人复入九江，得知楚已派项伯收编九江部队，并杀掉了自己的妻子儿女。使者又找到英布不少故旧宠臣，率领几千人投奔汉王。汉王又增拨军队给英布，

跟他一路北上。

公元前203年，英布被封为淮南王。不久，刘邦在垓下围歼楚军，项羽自杀。第二年，刘邦登基称帝，建立大汉王朝。

## 起兵反叛，兵败而亡

公元前196年，吕后诛杀淮阴侯韩信，这引起了英布的惊慌。随后，刘邦又杀了梁王彭越，将他剁成肉酱，分赐给诸侯。英布知道后，更为恐慌，担心迟早祸及自身，于是暗中聚集部队，随时注意朝廷的动静。

就在这时，英布的爱妾因病外出求医。医生与中大夫贲赫家离得很近。贲赫看到英布的爱妾

▶（西汉）错金银云纹铜犀尊
通高34.4厘米，长58.1厘米，犀牛昂首伫立，肌肉发达，体态雄健。整件器物饰以错金银云纹，精美华丽，犀牛形象刻画得极其逼真，肌体富于力感。

少年读全景中华上下五千年·2·秦汉纷争

▼

西汉王朝·统一强盛的王朝

◎看世界／西西里奴隶起义军达20万人　　　◎时间／前137年　　　◎关键词／西西里岛

▲ （西汉）双层九子漆奁

口径35.2厘米，器身分为上下两层，下层放九个小奁盒，盖顶周边、内沿及器底上下均有花纹装饰，造型精美，制作精细。

常去医生家，为了讨好英布，便常常送财宝给她。爱妾便在英布面前称赞贲赫有长者之风。英布大怒，问她为什么会认识贲赫。爱妾讲述了前后经过。英布不信，怀疑她跟贲赫有私。贲赫得知后大恐，称病不出。英布愈发怀疑，便想出兵逮捕他。贲赫情急，便乘车赶往长安。

贲赫到了长安后，上书称英布有谋反迹象，建议刘邦在英布尚未发兵前将其杀掉。刘邦与丞相萧何商量对策，萧何认为英布不会谋反，恐怕是仇家诬陷，建议先拘捕贲赫，再暗中派人察访。英布见贲赫已逃，怀疑他说出了自己暗中聚兵之事，再加上刘邦派人前来查访，英布更觉得刘邦认为自己要谋反，于是干脆杀了贲赫全家，起兵反叛。

消息传到长安，刘邦赦免贲赫，封他为将军。随后，刘邦召集大臣讨论对策，诸将都主张立即出兵征讨英布。令尹为刘邦分析道："英布现在有上、中、下三策可施。东取吴，西取楚，并齐取鲁，传檄燕赵，这样他将占据山东，此为上策；

东取吴，西取楚，并韩取魏，据敖仓之粟，塞成皋之口，这样胜败难以预测，此为中策；东取吴，西取下蔡，归重于越，身归长沙，如此必败，此为下策。虽有三策，但英布所作所为只是为了自身，而不会考虑为百姓谋福，更不会为后代子孙着想，所以他定会选择下策。"刘邦认为他分析得非常准确，便决定亲率大军讨伐英布。

英布造反之初，曾对将士们说："皇上现在年老多病，讨厌战争，此番肯定不会亲征。至于其他将领，我只担心韩信和彭越，如今他们已死，我没有什么可怕的了。"但他万万没想到刘邦会亲征，因此有些胆怯。不出令尹所料，英布果然采用下策，因此不久就被刘邦击败身亡。

作为开国功臣，英布为汉朝的建立立下了汗马功劳。至于起兵造反，其实不是其本意，只因他怕被加害，不得已才谋反。

在平定英布的叛乱中，刘邦被流矢射中，回到长安后不久就离开了人世。吕后为了肃清所有威胁太子继承帝位的政敌，在宫中大肆残杀异己。当时，她独揽朝廷军政大权，不仅强夺元老重臣的权力，迫使他们解甲归田，还将吕氏亲族一概封王赐侯。她的行为使刘氏皇族和元老重臣们十分不满。

## 高祖亡故，吕后掌权

刘邦在平定英布叛乱时被流矢射中，回到长安后病情已经很严重。公元前195年，刘邦去世，终年六十二岁，庙号高祖。刘邦去世后，大权落到了皇后吕雉的手里。

吕雉，字娥姁，单父人。刘邦称帝后，封吕雉为皇后，后世称其为吕后。吕雉性格刚强，智谋出众，从刘邦起兵开始便跟在他身边，为汉朝的建立做出了重要贡献。汉初，吕后设计擒杀建国功臣，迫害异姓王，稳定了大汉社稷。

刘邦刚刚去世时，吕后担心那些建国元勋居功自傲，趁机作乱，因此想密不发丧，然后秘密处决所有掌握兵权的将领。郦商听闻此信，赶忙劝吕后道："如果密不发丧，处决将领，那你就危险了。现在陈平和灌婴率军十万驻守荥阳，樊哙和周勃率军二十万驻守定州。如果他们得知高祖驾崩，皇后要处决武将，必然会合兵一处杀奔长安。到那时，京城的文武大臣定会起兵响应，如此一来，汉家社稷就会灭亡。"吕后听闻，十分惊恐，便立即发丧。随后，太子刘盈登基为帝，是为汉惠帝。

公元前202年～公元25年
////////西汉王朝////////
## 吕后专权

## 心狠手辣，报复异己

惠帝登基后，吕后决定铲除高祖宠爱的戚夫人及其子刘如意。公元前194年，吕后令赵王刘如意回长安。惠帝知道吕后肯定要加害于他，便亲自去迎接，让赵王同自己一同进宫，吃住都在一起。一次，惠帝早起出外打猎，回来后赵王已被吕后派人毒杀了。

随后，吕后又让人将戚夫人的四肢砍去，挖去双眼，熏聋双耳，给她服食哑药，关在猪圈里，还将其命名为"人彘"（彘是猪的意思），让宫里人观看。惠帝见母亲如此残暴，自己又无力阻止，变得心灰意冷，从此不再过问朝政，整日沉醉于酒色之中。他在位七年后，便郁郁而终。

## 专权乱政，病重而终

惠帝驾崩后，吕后假装哭泣，但是却没有眼泪。张良之子张辟强看到后，便对陈平说："太后只有一个儿子，现在陛下已经驾崩，但是太后却不掉眼泪，丞相知道这是为何吗？"陈平说不知道，张辟强说："惠帝之子都尚未成年，因此太后担心你们这些老臣不服管辖。现在，丞相应该立即上书太后，请求任命吕氏族人担任大将，让他们统领军队，入朝掌权。唯有如此，太后才不会猜忌你们，你们也可避祸。"陈平听后，表示赞同。

▲（西汉）"皇后之玺"玉印
1968年出土于陕西咸阳，采用珍贵的和田玉制成，印面刻篆体"皇后之玺"四个字。此皇后之玺是中国年代最早的皇后印玺。

惠帝与皇后本来没有孩子，当初吕后让皇后（吕后的外孙女）假装怀孕，然后将后宫嫔妃之子作为皇后之子，再将那个嫔妃杀死。惠帝死后，这个孩子便继位为帝，史称少帝。吕后借少帝年幼无力执政，便亲自临朝听政，代行皇帝权力。

公元前187年，吕后违背刘邦与群臣"非刘氏而王，天下共击之"的盟约，想立吕姓族人为王。丞相王陵等大臣认为这样做违背了刘邦当年定下的非刘氏不得封王的誓言，因此强烈反对。吕后勃然大怒，下令剥夺王陵的丞相职位，接着又询问陈平和周勃的意见。陈平和周勃上奏道："高祖一统天下，封刘氏一族为王；现在太后临朝执政，封吕氏一族为王。这没有任何问题。"于是，吕后大封亲族，逐渐控制了汉朝政权。

吕后在将吕氏封王拜侯的同时，全力清除刘氏一族的势力。她将吕氏女子嫁与刘氏王侯，以此来监督和控制刘氏。除此之外，吕后大开杀戒，将刘友、刘恢、刘建残忍杀害。齐王刘肥因为将部分封地献于吕后之女鲁元公主，所以

吕后未向他动手。

公元前184年，少帝听说自己并不是皇后亲生，而亲生母亲已被吕后杀掉，心中很是气愤，便对左右说："真是可恶，等我长大后，不会善罢甘休。"吕后得知后，马上命人将小皇帝囚禁起来，接着下

诏废掉少帝，不久又将其杀害，随后立刘义为新君，既不改元，也无帝号。很明显，刘义只是吕后手中的一个傀儡。

几年后，吕后病重，弥留之际，召吕产说："当年，高祖与群臣约定'非刘氏而王，天下共击之'，可是你们还是被封了王。大臣们虽没有反对，但心里是不满的。我死后，你们要当心群臣因皇帝年少而作乱。所以你们一定要手握兵权，占领皇宫，切不可为我送葬。"

吕后独揽朝政大权的十多年时间里，排斥异己，大封吕氏，加害刘氏皇族，手段极为毒辣。但与此同时，她进一步推行刘邦休养生息、无为而治的政策，促进了社会经济的发展，也为日后的"文景之治"奠定了坚实的基础。

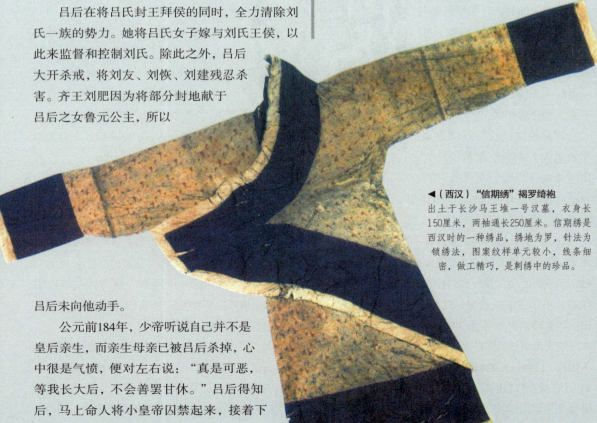

◀（西汉）"信期绣"褐罗绮袍
出土于长沙马王堆一号汉墓，衣身长150厘米，两袖通长250厘米。信期绣是西汉时的一种绣品，绣地为罗，针法为锁绣法，图案纹样单元较小，线条细密，做工精巧，是刺绣中的珍品。

◎看世界／提比略·格拉古成立土地委员会　　　◎时间／前133年　　　◎关键词／岳父 弟弟

曹参，西汉开国功臣，早年追随刘邦起兵抗秦，战功卓著。萧何临终时，举荐他担任丞相。他担任丞相期间，采取无为而治的策略，继续执行萧何执政时的政策，没有丝毫改变，"萧规曹随"这个俗语即由此而来。在他的治理下，汉朝社会安定，经济发展，百姓安康，为后来的"文景之治"创造了一个良好的社会环境。

## 开国功臣，齐国求贤

曹参，沛县人，很早便跟随刘邦起兵反秦，身经百战，功劳卓著。公元前201年，曹参被赐封为平阳侯，食邑一万户，仅居于萧何之下，刘邦还让他担任长子齐王刘肥的相国。

曹参到齐国后，立即召来当地名人，向他们请教治理齐国的策略。但是，每个人都有自己的看法，众说纷纭，争论不休。曹参看到这种情况，也难下定论。

这时，有人告诉他，胶西有一个盖公，有治国之才。曹参思贤若渴，立即派人请来盖公，向他请教治世安民之道。盖公看到曹参真心求教，便向他详细分析了齐国的情况，然后建议曹参采取无为而治的策略。曹参有些不明白，于是盖公解释道："所谓无为而治，就是指官府要无为，既不生事也不扰民，这样，百姓就可安定地生活了。百姓安定后，社会经济自然就会发展。社会经济发展了，国家当然也就治理好了。"曹参听后，连连称赞，并

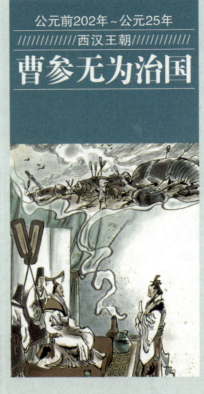

公元前202年～公元25年
////////// 西汉王朝 //////////
## 曹参无为治国

▲曹参见惠帝
曹参任丞相三年，主张清静无为，遵照萧何制定好的法规治理国家。

将盖公留在齐国，拜其为师，以便随时向他请教治国之策。

此后，曹参便按照无为而治的方法制定各项政策，不准官员干扰百姓，严惩贪官污吏，任用老成持重、爱民如子的官员。就这样，齐国的社会经济很快便得以恢复和发展，社会也日渐安定，百姓安居乐业。

公元前193年，萧何在弥留之际推荐曹参为相。曹参称相后，继续执行萧何执政时期制定的所有政策法令，同时还留任了萧何当初任命的所有官吏。

## 待人宽厚，不计小过

作为一国之相，曹参不仅不计较官吏的小过失，有时还设法为他们开脱。因此，当时群臣都团结合作，相安无事，全力为朝廷办事。

丞相府后面有个小花园，小花园旁边就是官吏们的住所。丞相府里的官员每天都在小花园里饮酒唱歌，喧闹不已。朝中大臣十分厌恶此事，于是来找曹参，希望他可以约束一下部下。谁知曹参来到小花园，不仅未对他们加以约束，还和他们一同喝酒。曹参边喝酒边唱歌，以此来呼应那些喝醉的部下。不久，丞相府里的所有官吏都喝得不省人事。

第二天，官吏们酒醒后，知道丞相昨晚看到了自己的醉酒行为，因此立即赶到相府请罪。曹参说自己昨晚也喝得酩酊大醉，不知发生了何事。官吏们心里明白，这是丞相故意为他们开脱。

> 〉〉〉汉惠帝刘盈追怀汉高祖功德，特许沛县立"汉高祖原庙"，庙内有刘邦金像一座。

此后，那些官吏再未在小花园里喝酒唱歌。

## 萧规曹随，安国利民

身为丞相，本应日理万机，但曹参上任后却终日饮酒作乐，凡事都尽可能推掉不管。群臣以及亲朋见他上任多日，没有实行任何新措施，很是着急，于是决定到相府劝他励精图治。不料，他们刚到相府，曹参便以酒相请。当他们准备说事时，曹参就举杯一饮而尽。最后众人全都喝得大醉，跟跟跄跄地离开相府。这种状况持续了很久。

惠帝初登基，看到曹丞相终日请人喝酒聊天，根本不理朝政大事，误以为曹相国欺他年幼，不愿全力辅佐他。一天，惠帝对担任中大夫的曹参之子曹窋说："回家后如果有机会，你问问你父亲：'高祖刚驾崩，如今的皇上没有治国经验，正需要您费心辅佐。但是您身为丞相，却终日喝酒闲聊，既不向皇上报告政务，又不处理朝廷事务。长此以往，您如何能治理好国家、安抚好百姓呢？'你看他如何回答，下次上朝时你告诉我事情的经过。但是，你不要说这是我让你问的。"

曹窋回家后，就照惠帝的话做了。曹参骂道："你这个年幼无知的家伙，知道什么国家大事。"曹参越说越气，竟让人拿板子将曹窋一顿痛打。曹窋无辜被痛打了一顿，感到非常委屈，上朝后便将此事告诉了惠帝。惠帝听后十分气愤。

次日，惠帝召来曹参，问道："你为何痛打曹窋？他只是转述了我的话，是我让他去问你的。"曹参马上摘下帽子，跪在地下，磕头谢罪。惠帝叫他起来，问道："丞相究竟是怎么想的？请直言！"曹参想了想，便大胆回答道："请问陛下，您和先帝比起来，谁更贤明英武呢？"惠帝马上说："当然是先帝了，我怎么敢和先帝相比？"曹参又问："陛下再看我的才德和萧何相国相比，谁强呢？"惠帝笑道："你好像不如萧相国。"曹参说："陛下说得非常正确。陛下不如先帝，我不如萧相国。先帝和萧相国已经制定好政策法令，我们只要继续推行，国家就不会出现问题。"惠帝听后点头赞同。

曹参担任丞相三年有余。在此期间，他主张清静无为，不扰民，遵照先前的政策法令来治理国家，从而使政治稳定、经济发展、百姓生活富足。

曹参病逝后，百姓们作歌赞颂他："萧何定法律，明白又整齐；曹参接任后，遵守不偏离。施政贵清静，百姓心欢喜。"由此可见，曹参的做法得到了百姓的普遍认可。

曹参采用合理的治国方法，使西汉的社会经济得到恢复，使百姓生活安定，实在值得后人景仰。

◀（西汉）圆雕玉舞人
高3.5厘米，宽3.5厘米，厚1厘米，玉质黄白色，局部有缺损。整器雕工精细，姿态生动，是汉代出土玉舞人中罕见的圆雕作品。

◎看世界/盖约·格拉古实行粮食法　　　　◎时间/前133年~前121年　　　　◎关键词/防止粮荒

**公元前202年~公元25年**
**/////////西汉王朝/////////**
# 周勃平灭吕氏

吕后执政末年，担心刘氏在自己去世后欺压吕氏，因此大封吕氏子孙为侯。吕氏族人在吕后的支持下，逐步掌控了朝政大权。此后，他们胡作非为，打击异己，朝廷陷入一片混乱之中。面对此种乱局，大将军周勃等人趁势出击，智取军权，最后平灭吕氏，捍卫了刘氏王朝，成了安定汉室的功臣。

## 功劳卓著，赐封绛侯

周勃，沛郡丰县人，自幼家境贫寒，年轻时曾以编织蚕箔为生。他为人勇武刚毅，刘邦起兵反秦后，周勃便投奔刘邦，担任侍卫官。在以后的南征北战中，他跟随刘邦出战，在战场上勇猛异常。

秦朝灭亡后，刘邦被封为汉王，周勃则被封为威武侯。接着他和刘邦来到汉中，在刘邦攻克三秦的战斗中立下了赫赫战功。汉军出关与楚军交战时，他率军守卫峣关，保卫汉军后方的安全；此后，他又率军守卫敖仓，以保证汉军粮饷的储备与供应；他还曾参与追击项羽的战斗。项羽自刎后，他率军一举拿下楚地泗水等郡，占据了二十二个县。

西汉初，各地诸侯王频频起兵反叛，周勃是当时平乱的主帅。

燕王臧荼起兵反叛后，高祖率军亲征，周勃一同前往。同年秋，臧荼兵败被俘。在此战中，周勃战功卓著。为了表彰其功，高祖特封周勃为列侯，承诺其爵位世代相传，号称"绛侯"。

韩王信反叛后，周勃率军在晋阳城大败韩王信的部将和匈奴骑兵，最后成功平定了叛乱。

刘邦被匈奴大军围困于平城时，周勃率军不断攻打匈奴骑兵。高祖脱困后提拔周勃为太尉，让他掌管朝廷兵权。

不久，周勃又率军先后打败了陈豨和卢绾的叛军。至此大汉王朝才安定下来。

## 当机立断，诛灭吕氏

公元前180年，吕后病逝。吕后之侄吕禄官拜上将军，吕产官拜相国，他们掌控了朝廷大权，准备趁机篡夺刘氏江山。当时，其他朝廷重臣几乎都没有实权。周勃担任太尉，却无权进入军营；陈平担任丞相，却无权处理政事。眼见刘氏政权危亡在即，周勃和陈平决定联合起来平灭吕氏。

▶（西汉）鎏金凤鸟形饰
凤鸟是古人为祈盼消除自然灾害、永保平安而构想出来的吉祥神鸟。此凤鸟挺胸扬头，张开羽翅。下为方形座，四面装饰有镂空的纹饰。整体鎏金。

〉〉〉汉惠帝下令营建西市。至此，长安城已初具规模。

◎看世界／盖约·格拉古实行筑路法　　　　◎时间／前133年~前121年　　　　◎关键词／改善交通运输

◀（汉）关内侯印
边长2.2厘米，方形，背弓起，印面上有阴文篆书"关内侯印"四字。

在长安担任宫廷护卫队长的刘章是刘氏宗室，其妻是吕禄之女。他得知了吕氏密谋篡权之事，便立即派人通知其兄齐王刘襄，要他发兵来京保护刘氏江山，自己则在长安做内应。刘襄随后举兵奔赴长安，同时送信给各诸侯王，号召刘氏诸侯王共诛吕氏。吕产闻讯后，马上派灌婴率军前去迎击。灌婴率军到达荥阳后，按兵不动，静观其变。

陈平和周勃听闻齐王发兵，认为诛灭吕氏的时机已到。郦商之子郦寄与吕禄关系亲密，于是周勃让郦寄前去劝说吕禄。郦寄对吕禄说："太后已亡，少帝年幼，而你却在都城统领军队，群臣必会对你有所怀疑。我建议你将军权交于太尉周勃，这样才能全身而退。"吕禄深知吕氏擅权已激起群臣愤慨，他认为吕氏并无必胜把握，便同意了郦寄的提议。

当时，曹参之子曹窋担任御史大夫，经常与相国吕产一同议事。一天，他偷听到了贾寿和吕产的密谋，原来吕产准备率军占领皇宫，挟少帝以令诸侯。曹窋立即将此消息告诉了陈平和周勃。

周勃马上动身赶往军营，诈称奉少帝旨意统率大军。但军中兵士未看到帅印，大都有所怀疑。于是周勃让郦寄前往吕禄那里将帅印骗过来。郦寄找到吕禄后假传少帝口谕："少帝有令，军队交由周勃统领。如今军队已经被太尉掌控，我劝你

交出帅印，返回封地，不然的话，你难逃一死。"吕禄非常信任郦寄，就将帅印交给了郦寄。

周勃拿到帅印后，马上传令全军将士："吕氏密谋篡汉，支持吕氏者，请祖露右臂；支持刘氏者，请祖露左臂！"众将士全部祖露左臂，以示效忠刘氏。就这样，周勃控制了军队。接着，周勃让曹窋告诉皇宫守卫，务必将吕产挡在皇宫外。

这时，吕产尚不知周勃已经控制军队，竟然率军奔往皇宫，结果遭到守卫阻挡。此事随后传到周勃耳中，他马上命刘章赴未央宫。正午时分，

▲（汉）踞坐玉人

吕产下令军队开饭，刘章趁机率军攻击，吕产大军溃散。最后，无路可逃的吕产被斩杀。随后，刘章又将长乐宫卫尉吕更斩杀，完全控制了皇宫。

周勃闻讯后，马上前去拜见刘章，高兴地说："我所担心的就是吕产占据皇宫。现在你已将吕产铲除，看来大事可成。"随后传令逮捕吕氏族人，并全部斩杀。至此，吕氏之乱宣告结束。

周勃一举平定吕氏之乱，从而安定了大汉王朝，避免了宫廷混乱，使刘氏江山得以延续。

◎看世界／盖约·格拉古实行审判法　　　◎时间／前133年~前121年　　　◎关键词／打破元老垄断

平灭吕氏后，周勃将吕氏所立的少帝废去，迎立汉文帝刘恒。文帝当政期间，倡导勤俭节约、休养生息，他为人谦逊克己，知人善任，虚心纳谏，起用了许多人才，如贾谊、晁错、张释之和周亚夫等，从而开创了文景盛世。文帝钟爱黄老之学，经过他二十三年的统治，汉朝的统治秩序逐渐稳定下来，社会经济也得到恢复和发展。

**公元前202年~公元25年**
/////////// 西汉王朝 ///////////
## 文帝治国有方

### 拥立为帝，巩固皇权

汉文帝刘恒，刘邦第三子，其母为薄姬，起初刘恒被立为代王，建都晋阳。刘邦共有八个儿子，被吕后杀了四个。因为当时刘恒的地位较低，所以吕后没有加害他。

吕氏被灭后，群臣讨论该由何人继位。最后，众大臣一致推选以宽厚仁慈闻名的代王刘恒。随

后，朝廷派人前去请刘恒。开始，刘恒多次拒绝。经过很长时间的考虑后，他才来到长安，受到群臣和百姓的欢迎。到长安后，他暂住在代邸。接着，群臣前去拜见，呈上皇帝玉玺，尊其为帝。但是，刘恒却谦逊地说自己难当此任。群臣坚决请求，他才进入未央宫，继承帝位。

为了巩固政权，文帝马上让自己的亲信统帅京城守卫部队。随后，他将拥立自己为帝的大臣全部加官晋爵，同时恢复刘姓王的称号和封地，重赏开国功臣。通过以上这些措施，文帝巩固了自己的帝位。

此外，文帝谨慎处理朝廷重臣，以此加强皇权。当时，周勃因平灭吕氏，功劳卓著，所以行为日渐骄横。但是文帝并未指责他，反而更加厚待他。于是有人便劝说文帝，说周勃纵然功劳甚伟，但他终究是人臣，皇上这样待他，有失身份。

从此以后，文帝便开始严肃起来，而周勃则越加敬畏文帝。一次，周勃的属下对他说："主公战功赫赫，但功高盖主就容易招来灾祸。"周勃听后，立即明白过来，随后便辞官回乡。

第二年，陈平去世。文帝再次任命周勃为相，但此后不久又撤掉了其相位。后来，有人诬告周勃欲反叛朝廷，文帝马上将周

◀古代铸钱图

>>> 西汉政府下令铸行"八铢半两钱"。

勃逮捕。经过核查，周勃并无造反之意，文帝又释放了他。这件事过后，群臣再也不敢轻视文帝了。

## 节俭爱民，虚心纳谏

在中国历史上，汉文帝是为数不多的几个真正提倡节约的皇帝之一。他主政期间，曾传令各地官员，一定要节俭行事，切勿扰民。

公元前178年，文帝曾传令清点长安的政府用马，多余的马匹都送到各地驿站使用。

文帝在位期间，生活非常朴素，身上常穿粗袍；他宠爱的慎夫人，和文帝一样，也过着朴素的生活，平时不穿拖地长裙，只穿劳动妇女那样的衣服，其居室内的帷帐也没有丝毫纹饰。

有一次，文帝准备建造一座露台，后来计算得知，此项工程需花费黄金一百斤，这相当于十户中等人家的家产，于是就作罢了。

文帝反对厚葬，他的陵墓建在长安附近的霸水边，称作霸陵。当初建造陵墓时，他命令工匠只需顺着山势挖掘洞穴，不用加高；他的陪葬品全部都是用陶器做成的，因为他不同意用金银等贵重金属；他还下令，待其驾崩后，就把宫中夫人以下的宫女全部都遣送回家，让她们出嫁。

同时，文帝颁布诏令：在全国各地，地方政府每月要为八十岁以上的老人发一石米，二十斤肉，五斗酒；凡是九十岁以上的老人，则每人再增加两匹帛、三斤絮。发给九十岁以上老人的东西，必须由县丞亲自送去；发给八十岁以上老人的东西，必须由乡官送去。经过文帝的大力倡导，全国尊孝敬老之风逐渐盛行起来。

除了节俭爱民，文帝还虚心纳谏。云中太守魏尚曾率军守卫边境，对将士十分爱护。他多次率军大败匈奴，匈奴后来便不敢轻易侵犯汉朝边

▲（西汉）素面铜匜
高9厘米，长21厘米，瓢形，口微敛，圆底，下接三条兽蹄形足，全器素面，简洁流畅。

境。但是，后来魏尚由于谎报斩敌首级数目而遭到罢官判刑的处置。

不久，文帝和冯唐谈论起古代大将时说道："我只叹无法得到廉颇、李牧那样的人为将。如果拥有这样的大将，我何惧匈奴？"冯唐说："我认为，皇上即使得到廉颇和李牧，也不会重用。"文帝听后大怒，问其原因。冯唐答道："廉颇屡战屡胜，那是因为赵王一直信任他。我听说魏尚在担任云中郡守期间，将当地税收奖赏给众将士，还用自己的俸金买牛宴请军中官吏，军中上下团结一心，所以匈奴人不敢靠近云中郡的边境。但如今魏尚却仅因谎报敌军首级数就被罢官下狱。可见皇上对他的信任十分有限。所以臣认为，即使皇上得到廉颇和李牧，也不会加以重用。"

文帝听后大喜，立即下令释放魏尚，并恢复了其官职，同时对敢于直言的冯唐也大加奖赏，提拔他担任车骑都尉。

## 体恤民情，开创盛世

文帝对农业非常重视，登基后多次颁布"劝课农桑"的诏令。此外，他还以身作则，亲自到田地耕作，并下诏：按照当地户口多寡设置三老、孝

◎看世界／西西里奴隶起义失败　　　　◎时间／前132年　　　　◎关键词／优努斯被俘

▲（西汉）陶猪圈

休养生息政策的实施，使汉朝的农业生产逐渐复兴，畜牧饲养业也得到了恢复和发展。类似于图中的陶猪圈常有出土，这些器物都是当时社会牲畜饲养繁盛景象的。

悌、力田等地方官吏，并经常赏赐他们，以此鼓励百姓发展生产。为了减轻百姓负担，文帝还经常颁布减少租赋的诏令。

公元前178年和公元前168年，文帝先后两次减轻租税；公元前167年，他又下诏尽免民田租税。同时，文帝将每年的算税由以前每人每年一百二十钱减至每人每年四十钱，徭役则缩减为三年一次。

另外，文帝还下诏：全国的土地和山林任由百姓开垦耕种；废除"盗铸钱"令，实行买卖自由政策。实行了以上措施后，凡是交易之物，市场上都有流通，商品经济发展迅猛。农、工、商业的发展，使文帝时期牲畜日多，财富增加，人口大增，国家的粮仓和钱库全部溢满，国家富足，经济昌盛。

文帝体恤民情还表现在对律令的取舍上。秦朝律令规定：一人犯罪，其父母、兄弟、姐妹、妻子、子女以及朋友、邻里都要连坐，重者判处死刑，轻者入官府为奴，此法称为连坐法。公元前179年，文帝下旨废除连坐法。公元前167年，文帝又相继废除了黥、劓、刖等酷刑，减轻了笞刑。

当时法律规定：谁都不可以议论皇帝，更不可以怨恨皇帝，如有违反，就犯了诽谤妖言罪。文帝认为，这种规定让群臣不敢讲真话，导致皇帝无法看清自身的失误，所以下诏加以废除。

公元前157年，文帝驾崩，时年四十五岁。

文帝谦虚克己，勤俭节欲，是一个有作为的良君。他在位时采取的治国政策，对巩固汉初统治秩序、恢复发展社会经济，都起了十分关键的作用。作为一名贤帝，汉文帝必将在中国历史上永垂青史。

〉〉〉汉政府封长沙王刘越为醴陵侯。

| ◎看世界／罗马横跨欧、亚、非 | ◎时间／前129年 | ◎关键词／控制东地中海 |
| --- | --- | --- |

经过几十年的休养生息，汉朝的社会经济逐步恢复、发展，同时，政权也得到了巩固。此时，当年刘邦分封的同姓王实力日益壮大，对朝廷构成了重大威胁。贾谊深知其中忧患，便向文帝上书，谈论治国之策，为朝廷敲响警钟。

**公元前202年~公元25年**
**//////////西汉王朝//////////**
## 贾谊上疏论政

重农抑商的政策也限制了商品经济的发展。

除此以外，贾谊还修改和制定了许多朝廷政令，并建议让王侯离京返回封地，这些建议都得到了汉文帝的认可。但是以上法令和措施触犯了王侯贵族们的利益，因此他们对贾谊十分愤恨。

### 少年得志，仕途顺利

贾谊，河南洛阳人，从小勤奋刻苦，喜好读书，十八岁时因才华出众名动乡里。河南郡守吴公非常喜欢他，把他召到门下为徒。吴公知识渊博，使贾谊受益匪浅。

公元前179年，文帝召吴公归朝，晋升他为廷尉。接着，吴公便向文帝推荐贾谊，说贾谊遍览百家书，才学出众。就这样，文帝将贾谊也召到朝廷，任命他为博士。从此时起，贾谊便踏上了仕途。当时，他只有二十一岁，可谓少年得志。

那时的博士是专门供皇帝咨询事务的官员。汉文帝每次提出问题时，只有贾谊能对答如流，其他博士都无法清晰流畅地回答。因此，众博士对贾谊非常佩服。文帝也非常高兴，晋升他为太中大夫。

公元前178年，贾谊看到社会上弃农经商的现象日益增多，于是向文帝上《论积贮疏》，主张实行重农抑商的政策，发展农业生产，增加粮食储备，预防饥荒。文帝听后，认为有理，便采纳其建议，下令鼓励农业生产，这对恢复经济、发展生产起到了极为重要的作用。但是，

### 元老排斥，贬官外放

当汉文帝准备再次晋升贾谊时，遭到了文武大臣的反对。那些元老重臣看到贾谊少年得志，官运亨通，开始对贾谊不满，比如周勃和灌婴。周

**▼（汉）耧车**
耧车是一种播种工具，由种子箱和三角耧管组成，以人或牲畜为牵引动力。耧车的使用，在汉初农业生产的恢复和发展中发挥了重要作用。

勃和灌婴都出生于贫寒之家，后来跟随刘邦南征北战，屡立战功，是汉朝的开国元勋。他们虽然位高势大，官至侯爵，但基本不通文墨。文帝执政时，他们年事已高，但居功自傲，思想保守，心胸狭隘。当贾谊这种知识渊博的青年人在朝廷有所作为时，他们的内心非常不舒服。一方面，他们认为贾谊的资历太浅；另一方面，他们又嫉恨其渊博的学识。所以当文帝准备晋升贾谊并委以重任时，他们便联合起来攻击贾谊，对文帝说让贾谊处理国家事务，只会扰乱国家安定。

见这些开国老臣们强烈反对，刚刚登基的文帝也只好将此事暂时搁置。此外，文帝的宠臣邓通也对贾谊嫉妒万分，而贾谊又非常藐视靠拍马屁起家的邓通。于是，邓通常在文帝面前诬陷贾谊。时间一长，文帝对贾谊也冷淡起来。

开国老臣和邓通的攻击使贾谊无法在朝中立足。后来，文帝将贾谊贬出长安，派他前往长沙，担任长沙王的太傅。位于南方的长沙距离长安远达千里，路上交通不便，辛苦异常。最使贾谊伤心的是，他知识渊博，才华横溢，胸怀大志，本欲辅佐文帝有所作为，却遭朝臣诬陷而被贬外放。

贾谊感到十分孤独和失望，他认为自己的遭遇和屈原一样，于是写了一首《吊屈原赋》，以此来表达心中的不满之情。

## 上书言事，切中时弊

公元前173年，文帝十分思念贾谊，因此召其返回京师。贾谊返回京师时，发现朝廷的人事变动很大。当时，灌婴已死，周勃解甲归田。然而，文帝还是未重用贾谊，只是让他担任梁怀王的太傅。梁怀王是文帝幼子，很受文帝宠爱。

但是，贾谊依然关心朝政。当时，朝廷有两个主要矛盾：一个是朝廷和地方诸侯王之间的矛盾，一个是汉王朝和匈奴之间的矛盾。这两个矛盾日趋尖锐，贾谊已经透过当时表面稳定的政治局势，看到了潜藏的危机，他十分担忧。贾谊向文帝上疏《治安策》，指出诸侯王是威胁朝廷安定的关键因素。

此外，列举了诸侯王反叛的历史事实后，贾谊又向汉文帝提出了具体的应对之策，即在诸侯王原有的封地上再次分封诸侯，以此来分散他们的领地，削弱他们的实力。然而，文帝并未采纳贾谊的建议。

▲贾太傅祠的长怀井

贾太傅祠位于湖南长沙，相传为贾谊故居。宅内有一口古井，称太傅井，亦称长怀井，由杜甫"长怀贾谊井依然"的诗句而得名。

## 深切自责，忧郁而亡

公元前169年，梁怀王在骑马时摔死。贾谊为此自责不已，经常哭泣。在这种情况下，他还是以国事为重，经常为文帝建言献策。

梁怀王没有子嗣，按照律令其封国应当被撤销。但贾谊认为，撤销梁国会影响朝廷局势。他建议让代王刘参迁到梁国，并扩大梁国和淮阳国的封地。如此一来，即便国家有难，梁王足以抵御齐赵，皇上就可以安枕无忧了。

文帝听了贾谊的建议，但因代王封地十分重

〉〉〉南越王赵佗在番禺称帝，此后不再向汉朝称臣纳贡。

◎看世界／弗拉库斯提出授予公民权的议案　　　◎时间／前125年　　　◎关键词／首次 失败

▲（西汉）犀形玉璜

青玉，黄白透青，其形如璜。犀弓身低头，前后肢蹲曲，尾巴卷起，如蓄劲前衡之势，其眼、角、腿、蹄趾和尾等均以阴刻的粗细线勾画。犀体边缘起棱，中饰窝纹，背部有一钻孔。

要，不好变动，就下诏封淮阳王刘武为梁王。在此后的七国之乱中，梁王刘武抵御齐赵的部署，正是根据贾谊的建议而为。可见贾谊谋略之深远。

公元前168年，贾谊抑郁而终，年仅三十三岁。

贾谊的一生，虽然因遭诬陷而被贬外放，未曾封侯拜爵，但他的许多建议依然受到了文帝的重视。后来，他因梁怀王之死深感自责，抑郁而终，真是遗憾至极。

苏东坡曾说："贾生志大而量小，才有余而识不足也。"但是，从政治家和思想家的角度来看，贾谊的历史贡献足以让其名传后世，万古流芳。

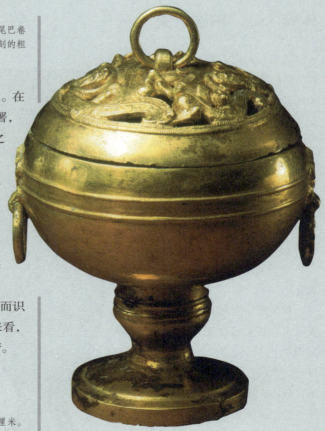

▶（西汉）鎏金铜熏炉

出土于山东淄博齐王陵陪葬坑，口径9.3厘米，通高14.4厘米。此炉为焚香器具，圈足刻有铭文。

〉〉〉吕后病死, 吕产、吕禄聚兵长安, 妄图发动政变。刘姓宗室和功臣结成联盟, 杀尽诸吕, 随后代王刘恒继位, 是为汉文帝。

前180年

◎看世界 / 盖约·格拉古竞选保民官失败　　　◎时间 / 前122年　　　◎关键词 / 被杀

汉景帝是汉朝的一代明君。他在位期间, 推行开明宽松的政策, 促进了社会经济的发展, 使国家呈现出一片繁荣景象: 百姓安定, 政治清明, 统治稳固, 国泰民安。景帝延续了高祖时期的和亲政策, 暂时避免了与匈奴发生大规模的冲突, 从而为发展经济创造了有利的环境, 也为日后汉武帝反击匈奴奠定了物质基础。基于此, 后世将文帝和景帝的统治并称为"文景之治"。

## 公元前202年~公元25年
////////////////// 西汉王朝 //////////////////
# 开明君王汉景帝

公元前156年, 景帝下诏: 只收取文帝时税收的一半, 即三十税一。从此以后, 这种税率成为西汉定制。次年, 景帝下诏: 男子服徭役的年龄推后三年, 并减少服役时间。此项规定一直沿用到西汉昭帝时代。

景帝制定的另一项惠民政策就是减轻刑罚。文帝时减轻了笞刑, 但鞭打的次数仍然很多, 所以景帝又逐渐减少了次数, 同时规定了刑具的长短、宽窄, 并规定施刑中途不准换人。这样一来, 就使刑法更加完善。对于审案断罪的官员, 景帝也经常训导他们要宽容, 不准随意重判。

在思想领域, 景帝也不再严厉禁止其他学派的发展。汉初, 黄老学派最负盛名, 此学派主张无为而治, 减轻徭赋, 这与景帝的治国思想基本一致。但景帝在提倡黄老之学的同时, 也允许儒家等学派存在和发展, 这为日后各学派的发展和变革奠定了基础。

在外交方面, 景帝继续推行和亲政策。对于匈奴的侵扰, 景帝没有大举反攻, 而是以大局为重, 积极防御, 同时在边境地带设立市场, 和匈奴人做贸易。此举在一定程度上缓和了汉人与匈奴人的矛盾。

在景帝的治理下, 汉朝国家安定, 经济发展, 实力日益壮大。

## 休养生息, 国泰民安

汉景帝刘启, 文帝之子, 母为窦皇后。刘启不是文帝的长子, 他的三个兄长死后, 他才登上太子之位, 成为文帝的继承人。

公元前157年, 文帝驾崩, 刘启登基。即位后, 他继续推行文帝时期的政策, 鼓励发展农业生产。景帝说: "农, 天下之本也。黄金珠玉, 饥不可食, 寒不可衣, 以为币用, 不识其始终。"因此, 他多次下诏让各地各级官员鼓励百姓发展农业。

景帝允许定居在土地贫瘠之地的农民可以任意迁往土地肥沃的地方从事农业生产, 并将"长陵田"租给无地少地的农民。他还多次严厉打击擅用民力的官员, 这样就保证了正常的农业生产。此外, 景帝还曾下令不准用谷物酿酒, 不准用粟喂马。

◀ (西汉) 玉杯
玉杯是一种饮酒器具, 玉杯的使用约始于西汉。此杯高12.3厘米, 器口呈椭圆形, 器身腹部刻有云纹, 足作豆形, 制作精美。

## 发展教育，打击豪强

景帝当政期间，在教育领域中最突出的就是支持文翁办学。

文翁，安徽庐江人，年轻时就好学，可谓学富五车。后来，当地官员经过考察后向朝廷推荐他，景帝晋升他为蜀郡太守。文翁到达蜀郡后，开创了郡国官学，对文化的传播起了重要作用。他的成就得到了景帝的肯定，景帝对其办学模式十分认可，下诏在全国推行。

景帝一面大力弘扬文教礼仪，一面严厉打击地主豪强。他采取了许多手段，其中最关键的有两个：其一，景帝仿效刘邦将豪强迁到关中之法，把豪强迁到阳陵，以此达到分离其宗族亲党、削弱其势力的目的；其二，重用酷吏，让其大力打击为非作歹之徒，从而达到杀一儆百的目的。两项措施让各地豪强人人自危，都不约而同地收敛了暴行。这些措施也局部调整了阶级关系，有利于发展社会经济，改善社会秩序。

## 宽厚仁慈，患病逝世

景帝非常善于用人。为了严格管理京城众多的皇亲国戚和官僚贵族，景帝晋升执法不阿的宁成担任中尉之职。宁成到任后，很快便将那些胡作非为的权贵们治理得服服帖帖。

景帝也能恰当任用外戚。窦婴是景帝之母窦太后的侄子，景帝觉得窦婴才华出众，就封其为大将军。后来窦婴立过几次大功。窦太后多次让景帝拜窦婴为相，但景帝都以窦婴不太稳重为由拒绝，后来他让卫绾做了丞相。

景帝宽厚仁慈，不记旧仇。他做太子时，张

▲（西汉）青玉辟邪

该青玉辟邪兽头高昂头颅，兽口微张，似在低吼，其前胸、四肢及曳地长尾表现出强劲的力与美。其玉质原为青白，但如今浑身沁作赭斑。

释之曾拒绝其车马入殿门，因为他进宫门时没有下车，违反了当时的律令。此事后来被文帝之母得知，文帝向母亲认错，承认自己没有教育好皇子。而景帝即位后，并没有公报私仇，依然让张释之担任廷尉。

景帝的仁慈还体现在对兄弟姐妹和宫中嫔妃的态度上。胞弟刘武和景帝很亲近，经常来皇宫跟他谈心。后来刘武病死，景帝很伤心，将刘武的五个儿子分别封了王。对于宫中嫔妃，她们做得对，景帝就奖赏；做得不对，景帝就惩罚。

公元前141年，景帝病死在未央宫，年仅四十八岁。

经过景帝的治理，汉朝社会经济获得显著的发展，统治秩序日臻完善，实力也日益强大，西汉历史上出现了一个盛世景象——文景之治。

汉文帝时，同姓王的势力日益强大，对朝廷形成了威胁。在此情况下，晁错建议文帝削弱王侯势力，但是未被文帝采纳。后来，景帝采纳了晁错的建议，不料却引发了皇室内乱，而晁错也因此被冤杀。

## 公元前202年~公元25年
/////////// 西汉王朝 ///////////
# 晁错削藩

## 文帝赏识，景帝宠幸

晁错，颍川人，最初掌管宗庙祭祀和礼仪，后来被朝廷选派出去学《尚书》，回朝后，便开始为文帝讲解《尚书》。晁错言辞犀利，才华横溢，很受文帝喜爱。不久，晁错就被任命为太子舍人、门大夫，后又被提升为博士，专门教导太子。

担任博士后，晁错著《言太子宜知术数疏》。在文章中，晁错指出：皇帝若要建功立业，留名青史，最重要的是掌握治国之策。他建议文帝选择圣人治国之书赐予太子，让其多加学习。文帝觉得有理，采纳了他的建议，晋升他为太子家令。晁错分析问题有条有理，见解独到，能言善辩，因此得到了太子刘启的信任。

后来，晁错多次向文帝提出削藩的建议。文帝虽然没有完全采纳其建议，但还是十分欣赏他。当时，太子刘启赞成晁错的计策，而

有些大臣则坚决反对。

刘启登基后任命晁错为内史。此后，晁错多次与景帝私谈，景帝十分信任他，基本都会采纳他的建议。

## 位高权重，提议削藩

很快，晁错便被升为御史大夫，地位仅次于丞相。不久后，他递上《削藩策》，再次向景帝建议削藩。

在《削藩策》中，晁错建议道：朝廷一定要防备实力最强的吴王刘濞。刘濞是高祖的侄子，高祖将他封为吴王之后便后悔了，但诏令已下，无法即刻撤销。刘濞到任后，便在吴地准备起兵篡位。他的儿子进京时与时为太子的景帝争抢道路，最后被景帝的车误伤，不治而亡。刘濞一直对此怀恨在心。景帝继承皇位后，刘濞已厉兵秣马四十载。在此期间，他私铸钱币，贩卖私盐。为了增强实力，他将逃犯全部招去，其反叛之心昭然若揭。晁错认为，吴王刘濞迟早会反，现在削其封地，他定会立即反叛，如此正好趁机消灭他。否则，任由他的势力发展下去，将后患无穷。景帝听后表示赞同。

晁错的主张遭到诸侯王和群臣的坚决反对。晁错之父听到这个消息，立即从家乡赶来，对晁错说：“你这样做，只会带来灾祸。我本来在家颐养天年，如今你却这样做，我必定时日无多。”晁错疑惑地看着父亲，晁父接着道：“你官至御史大夫，地位已经够高。为什么不明

◀（西汉）错金铜虎节
出土于广州南越王墓，是当时用以征调车马的信符。器身布满贴金虎斑，刻有错金铭文“王命命车徒”。

〉〉〉乌孙国被月氏攻灭，其残部
在匈奴的关照下得到恢复和发展。

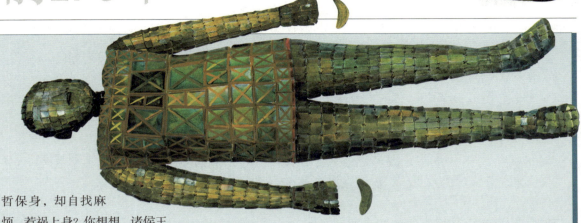

哲保身，却自找麻烦，惹祸上身？你想想，诸侯王与皇室是骨肉至亲，你如何去管？你把他们的封地削掉，他们都会怨恨你、报复你，你这样做究竟是为了什么呀？"

晁错回答道："诸侯王的封地不削，国家将永远不得安宁，天下迟早会再次陷入混乱。我做这件事，就是为了安定天下。"晁父叹了口气说："你这样做，刘家的天下安定了，我们晁家却危险了。我老了，不愿意看到大祸临头。"晁父回到老家后，便服毒而亡。

## 替罪羔羊，冤死刀下

随后，汉景帝下令削藩。就在这时，楚王刘戊来到京师长安，晁错乘机揭发其罪恶，请景帝将其问罪，收回其部分封地。就这样，景帝削去了楚王的封地，随后又削去了赵王的部分封地，准备对付实力最强的吴王。

此时，吴王刘濞已经打定主意起兵造反了。他打着"清君侧"的幌子，煽动别的诸侯一同起兵叛乱。七国联合反叛后，汉景帝十分恐惧。这时，晁错的政敌袁盎劝汉景帝道："其实，吴国和楚国本来没有实力反叛朝廷。他们虽然富足，将士也多，但领导者都是一些见利忘义之徒，根本不堪一击。现在，他们起兵反叛朝廷，是被削藩令所逼。陛下只要斩杀晁错，退还诸侯王被削去

**▲（西汉）金缕玉衣**

玉衣是汉代皇帝和贵族的殓服，按死者等级，分别着金缕玉衣、银缕玉衣、铜缕玉衣。1968年，满城汉墓出土了保存完整的中山靖王刘胜的金缕玉衣，该玉衣由两千多枚玉片用金丝编缀而成，设计精巧，做工细致，是旷世难得的艺术瑰宝。

的封地，就可化干戈为玉帛。"袁盎过去曾担任过吴国相国，所以景帝对他的话深信不疑。景帝听了这番话后，说："如果他们真能够撤兵，我又何必舍不得晁错一个人呢？"景帝心中已有斩杀晁错以平叛乱的想法。

不久，一些大臣上奏弹劾晁错，说他大逆不道，竟然建议陛下亲征叛军，而自己却留守京师，"无臣子之礼，大逆无道"，所以应该被腰斩、灭全族。景帝为了保住自己的皇位，顾不得与晁错多年的君臣之情，默许了这个奏章。

随后，景帝派人来到晁错家，诈称让晁错上朝商议大事。晁错毫不知情，穿上朝服，坐车向皇宫赶去。车马经过长安东市，景帝所派之人忽然拿出诏书，要晁错下车听诏。接着，这个一心想维护汉家天下的晁错，就这样被杀害了。

忠臣蒙冤而死，实在可叹！明代思想家李贽曾说："晁错善于谋国，但不善于谋身。"可以看出李贽十分赞赏晁错一心为国而置个人安危于不顾的精神。这种精神也的确值得后人赞颂。

公元前202年~公元25年
//////////////西汉王朝//////////////
## 一代英主汉武帝

公元前141年，刘彻即位，是为汉武帝，时年十六岁。他当政期间，在强化皇权和改革官制、经济制度、对外关系等方面都取得了显著的成绩，大汉王朝由此迈向了强盛时代，西汉逐步发展成为当时世界上最强大的国家。而汉武帝也成为备受后世推崇的一代英主。

### 时来运转，入主东宫

汉武帝刘彻，幼名刘彘，是汉景帝的第十个儿子。刘彘自幼聪慧过人，灵活机敏。有一次，景帝将其抱在膝间，问道："你可愿做皇帝？"刘彘答道："孩儿能否做皇帝，主要取决于天。我希望日夜住在皇宫，侍奉父皇左右。"景帝听闻此言，非常吃惊，此后便经常关注他的言行举止。

刘彘记忆力超群，求知欲非常强，尤其关注书中所写的那些关于古代圣贤帝王的故事，故事中的情节，他可以做到过目不忘。景帝对此十分惊异，认为他非常聪颖，便将其名改为"彻"。

公元前153年，景帝宠妃栗姬之子刘荣被立为皇太子，后世称其为"栗太子"，刘彻则被赐封为胶东王。不久，在景帝姐姐长公主的操控下，刘彻的运势发生了重大变化。长公主本希望太子刘荣能够迎娶其女陈阿娇，太子之母栗姬却拒绝了。长公主心生怨恨，总想借机报复栗姬。相较于直率的栗姬，刘彻之母王姬则显得灵敏世故，当长公主欲将其女许配给刘彻时，王姬马上就允诺了此事。

从此以后，长公主便常在景帝面前为刘彻说好话，时间一长，景帝便喜欢刘彻胜过刘荣。同时，长公主还经常在景帝面前说栗姬的坏话。景帝信以为真，不久便将刘荣的太子之位废了，将其改封为临江王。随后，刘彻之母王姬登上皇后之位，而刘彻则被立为皇太子，时年七岁。

被立为太子后，刘彻愈加用功。景帝任命才学出众的卫绾担任太傅，教育刘彻。刘彻先后学习过骑马、射箭、经学、文学等技艺或知识。

### 登上皇位，改革受阻

公元前141年，十六岁的刘彻正式继承了皇位。他雄心勃勃地想将文景之治的盛世继续下去，却遇到了巨大的阻力。这阻力主要来自于当时的太皇太后窦

▶汉武帝刘彻像
汉武帝刘彻在位五十多年，他的雄才大略、文治武功使汉朝成为当时世界上最强大的国家。

〉〉〉著名医学家淳于意遭人诬陷，当受肉刑。其女缇萦上书，愿代父受过。汉文帝赦免了淳于意，同时下诏废除肉刑。

▲（西汉）玉辟邪

传说中的这种神兽性情凶猛，可驱恶辟邪，常置于灵庙和陵墓上，多为石雕，形体巨大。图中这件玉辟邪，玉质青中带绿，有条纹。神兽昂首张口，两耳竖立，前胛处有双翼，十分威武。

▲（西汉）滇王金印

金印高2厘米，边长2.4厘米，上有蟠蛇钮，印文为篆书"滇王之印"。据《史记·西南夷列传》记载，武帝元封二年（前109）汉武帝赐滇王印，受赐者可能是被封为滇王的尝羌，他是现存史籍中唯一有名可查的滇王。

氏，即武帝祖父汉文帝的皇后。

武帝执政后，窦氏诸侯王无视朝廷法纪，肆意妄为。武帝决定强化皇权，以压制地方诸侯势力。武帝推崇儒术，而窦氏尊崇黄老之术，两人因此产生了严重的思想分歧。

窦太后常干预朝政，武帝也不便违忤，所有朝政大事都随时请示。当时，御史大夫赵绾和郎中令王臧准备迎接鲁地德高望重的大儒申公来朝，并建议仿效古制，设立明堂辟雍，改历易服，行巡狩、封禅等礼仪，还建议汉武帝日后政事不必经常请示太皇太后。窦氏知道此事后雷霆大怒，马上令武帝下诏罢免赵绾和王臧。

窦太后在世期间，武帝未曾重用过儒生，可见窦氏政治势力之大。窦氏死后，武帝才开始采用儒家思想治理国家，强化皇权，制衡地方诸侯。

## 统一思想，加强集权

汉武帝即位之初，朝廷局势稳定，社会经济发展顺利，但是诸侯国依然是朝廷极大的威胁。为此，汉武帝在沿用景帝的治国措施的同时，又采取了许多强化皇权的重大举措。

首先，在思想上，武帝采用了董仲舒"罢黜百家，独尊儒术"的建议，把儒家学说作为封建正统思想，从此确定了儒学在中国社会的地位，这对后世中国文化、政治等方面的影响极为深远。

其次，在政治上，武帝采取措施减少诸侯王的封地，颁布了"推恩令"，令诸侯将自己的封地分给自己的子弟，这样名义上是施恩惠，实际上是将诸侯国越分越小，削弱诸侯王的势力。推恩令下达后，诸侯王的支庶多得以受封为列侯，不少

王国先后分为若干侯国，其后各侯国辖地仅有数县，对中央再也构不成威胁。

以上措施的实行，使朝政大权集中在了汉武帝的手中，这对汉武帝统治后期的社会安定具有非常重要的作用。

## 晚年悔过，轮台罪己

汉武帝虽然政绩显著，但他也犯过很多错误。汉武帝建造了许多宫殿和苑囿，而且经常对外国的使者和商人摆大国的架子，任意赏钱。另外，汉武帝和秦始皇一样也喜欢巡游。公元前110年，汉武帝出长安，到北面阅军，再南下抵嵩山，接着向东行游海岸，最后到达泰山，举行封禅大典，随后又沿海岸北上碣石，接着向西到九原，最后转道返回长安。这次巡游的里程和耗费都远远超过了秦始皇。武帝即位之初，受文帝和景帝的余惠，国家可以说是国富民强，但在武帝后期，国库已经快要空了。

武帝和秦始皇一样，也想长生不老。公元前112年，一个叫栾大的道人到了长安，谎称自己经常在海上来往，见到过仙人，也找到了可以让人长生不老的药。听闻此事，一直想长生不老的汉武帝竟然封他为将军。同时，武帝还给此人刻了一枚用玉做的印章，按照当时的规定，只有皇帝的印才能用玉做。武帝给栾大玉印，可见他对栾大的重视和对长生不老的痴迷。公元前110年，栾大的骗局被揭穿，武帝怒斩了栾大。不过，武帝并没有以此为鉴，而是仍不断地派人到海上寻访仙人，求取仙丹。

武帝晚年逐渐醒悟过来，知道生老病死是自然规律，任何人都不可能长生不死。他对自己所犯的过错感到十分惭愧。为此，他颁布《轮台罪己诏》，在文武大臣面前公开承认自己犯过的错误，真诚地表示悔恨，而且承诺自此以后凡是不利于百姓之举以及浪费人才之事全部废止。同时，他还下令将那些装神弄鬼骗取官爵俸禄的道士全部撤职。此后，汉武帝开始关心农业生产，推行富民之策。经过两年的治理，社会政治和经济都有了较为显著的发展，汉朝再次恢复了元气。

公元前87年，汉武帝病逝，终年七十岁。

▼（西汉）玉剑首

剑首是古代宝剑剑柄顶端镶嵌的一种装饰物，今所见剑首多为玉制。此器正面平齐，饰纹分内外两层，内层的四头卷云纹均匀分布，皆阴琢而成；外层是细密的乳丁纹，造型规整。

〉〉〉汉文帝在战国时的莒地新设城阳国，刘喜被改封为城阳王。

汉朝不再对匈奴实行和亲政策后，与匈奴之间的战事越来越频繁。这些战争有长距离袭击，有计划周详的遭遇战，有以少对多的破釜沉舟战，都非常艰苦、残酷。通过与匈奴的战争，西汉既宣扬了国威，又开辟了疆域。在抗击匈奴的战争中，涌现出了无数杰出的将领，如飞将军李广。李广超群的军事才干和应变能力让他成为一名受部下爱戴、使敌军胆寒的沙场名将。

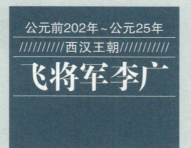

公元前202年~公元25年
//////////西汉王朝//////////
**飞将军李广**

▲李广墓

李广一生戍守边关，威震匈奴，但却始终未被封侯，"冯唐易老，李广难封"中"李广难封"的典故即是指此事。

## 将门世家，技艺高超

李广，陇西成纪人，其先祖李信在秦国为将，曾率军击败了燕太子丹。

公元前166年，匈奴大军侵犯汉境，此时李广已经从军，在抗击匈奴军时立下了一些功劳。李广曾随文帝出行，文帝十分欣赏他。

汉景帝即位后，李广被任命为骑郎将，是景帝的禁卫骑兵将领。

七国之乱时，担任骁骑都尉的李广随周亚夫出兵平叛，在昌邑城下勇夺叛军军旗，立了大功。平定叛乱后，李广被调往西北边境，担任太守之职。

公元前144年，匈奴军一路南下，直取上郡。汉景帝派了自己宠幸的宦官跟随李广出征，学习作战之法。一天，这个宦官带领数十名骑兵追击三个匈奴兵。三个匈奴兵搭弓回射，宦官中箭败逃，其他人则全部被射死。宦官回来后，将事情的经过告诉了李广。李广说："他们是射雕的高手。"然后马上率人追赶。

匈奴射手没有马，走了几十里快要到达匈奴大营时被李广追上了。李广搭弓射向三个匈奴兵，结果其中两个匈奴兵中箭而亡，另外一个被俘虏。审问得知，他们果真是匈奴的射雕高手。李广命人将俘虏捆绑起来，横搭在马上，正要返身回营时，发现远处有几千名匈奴骑兵。

匈奴军发现李广一行只有一百人左右，认为这肯定是汉军引诱他们出兵的疑兵，因此马上占领了山头，摆阵迎敌。李广的部下非常害怕，准备奔驰而逃，但被李广阻止了。

李广说："我们距离军营有数十里，如果现在调转马头逃跑，匈奴军很快便会追上，到时我们都必死无疑；如果我们停留在此，匈奴军就会以为我们是诱敌的，反而不敢放马过来攻击我们。"接着，李广命令部下继续前进，一直走到距离匈奴军只有两里的地方才停下来。

随后，李广下令所有人都下马卸鞍。匈奴军看到这种情景，愈发相信李广是前来诱敌的。这时，匈奴军中的一名将领走出阵来巡视军营，李广和十几个部下猛然上马飞奔过去，以迅雷不及掩耳之势将他射死，然后回到驻地，下马卸鞍，各

〉〉〉汾阴后土祠正式建庙，这是我国最古老的祭祀女娲的祠庙。

自卧地休息。

看到此举，匈奴军更加不敢轻举妄动了。就这样，双方一直对峙到半夜，匈奴军最终还是因担心中汉军的埋伏而撤兵回营了。

## 死里逃生，威震匈奴

公元前141年，汉武帝登上皇位，随后晋升李广为未央卫尉。公元前130年，李广率领大军走到雁门关时，被数倍于己的匈奴军围困。匈奴单于早就听说过李广之名，便下令活捉李广。经过一番激战，李广军因兵力悬殊战败，李广也因伤被擒。

在押送的路上，李广寻机飞身夺马，射死众多匈奴士兵，成功返回汉营。自此以后，匈奴军便称其为"汉之飞将军"。但汉武帝却因此事罢免了李广的官职，将其贬为平民。

过了几年，匈奴军杀害了辽西太守，打败了韩安国所率汉军。于是，武帝再次召李广入朝，任命他为右北平太守。匈奴军听说"飞将军"率军前来，立即就撤兵回去了，此后几年也未敢侵扰此地。

李广不但威名远扬，而且箭术超群，百发百中。一次，李广在黑夜里误认为

草里的大石头是一只老虎，便搭弓射去。等天明后他走到近前察看，看到自己夜里射中的竟然是一块大石头，那支箭深深地射入了石头中。随行的士兵们看到后都惊叹不已。

## 英勇善战，军功难立

公元前120年，时任郎中令的李广和博望侯张骞共同出征，李广率领四千骑兵从右北平出发，张骞则率领一万骑兵从另一处出发。李广军走了几百里时，被匈奴左贤王所率领的四万骑兵包围。将士们都很恐惧，李广为了振奋士气，便派其子李敢骑马向匈奴军中冲去。李敢仅率数十名骑兵飞

▶李广射石
李广以骁勇善射、智谋超群著称，李广射石的典故也成为千古美谈。唐代边塞诗人卢纶有《塞下曲》描写当时情景："林暗草惊风，将军夜引弓。平明寻白羽，没在石棱中。"

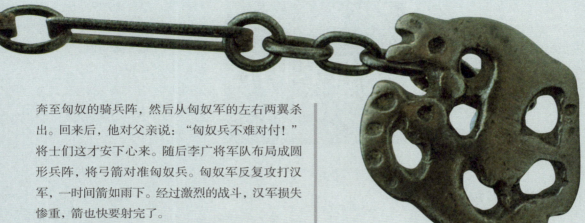

奔至匈奴的骑兵阵，然后从匈奴军的左右两翼杀出。回来后，他对父亲说："匈奴兵不难对付！"将士们这才安下心来。随后李广将军队布局成圆形兵阵，将弓箭对准匈奴兵。匈奴军反复攻打汉军，一时间箭如雨下。经过激烈的战斗，汉军损失惨重，箭也快要射完了。

这时，李广让士兵拉满弓，摆好架势，但不准放箭，他则亲自用大弓射杀了几名匈奴军的副将。看到李广如此神勇，匈奴军逐渐分散开去。当时已近傍晚，西汉将士们都困乏不已，人人战战兢兢，只有李广一脸平静，仍然在设法整顿部队。看到这些，将士们都十分敬佩他。

次日一早，汉朝援军赶来，李广大军终得以突出重围。

## 不甘受辱，悲壮自刎

公元前119年，大将军卫青率军攻击匈奴。当时，李广年纪已经很大了，但他仍然跟随卫青一同出战。他对卫青说："自从军起，我便开始抗击匈奴，此次请让我和匈奴单于一决雌雄。我甘当先锋，直取单于首级。"但是，武帝觉得李广年老体衰，不适合做先锋官，拒绝了李广的请求。随后，卫青让其从侧翼出击。

李广在进军的路上，军队的向导意外失踪，汉军因此迷失了方向。当他们到达时，已然迟到了好长时间。卫青所率的汉军也没有大的收获。汉军和匈奴军交战数次后，匈奴单于看到情况不妙，便率军远遁了。

▲（西汉）匈奴带链双鹿纹铜牌

链长15.5厘米，双鹿作交配状，是体现当时生育崇拜的器物。生育崇拜是早期社会的普遍现象，目的是祈求人口繁衍，氏族兴旺。

事后，卫青派人询问李广延误时间的原因，并将匈奴得以逃遁的责任推给李广和他的部下。李广对来人说："此事责任在我，与我的部下没有丝毫关系。"随后，李广对部下道："我自少年起，就参加了抗击匈奴的战争，到现在为止，已经历过大小七十多次战斗。这次随卫将军出征，却使大军迷路，此乃天意。我已经老了，再无脸面对朝中官员，也无法忍受那种羞辱。"说完便自杀了。李广自杀后，将士们痛哭流涕。他的死讯传开后，百姓们也都泪流不止。

李广勇武过人，技艺出众，但因生不逢时，未能立下盖世奇功，实在可惜！不过，李广虽然是一位杰出的军事将领，但他只适合为将，不适合为帅。只看单兵作战能力，李广可以说是勇猛无敌；如果看统率军队的能力，他缺乏宏观统筹的全局思想。因此可以说，李广是一位优秀的先锋官，但并不是优秀的统帅。

卫青，西汉名将，官至大司马大将军，封长平侯。历朝历代有无数的王侯将相留名青史，卫青是其中最耀眼的一位。虽然他家境贫寒，出身低下，但这丝毫不影响他在抗击匈奴的战争中立下赫赫战功，他为大汉王朝安边定疆做出了杰出的贡献。

**公元前202年~公元25年**

//////////西汉王朝//////////

# 大将军卫青

## 出身卑贱，因祸得福

卫青，河东平阳人，出身于贫寒之家，其母卫媪是平阳侯家的婢女。卫媪嫁人后生了长子长君、长女君孺、次女少儿、三女子夫。后来，卫媪的丈夫去世，卫媪依然在平阳侯家做仆人。不久，她与同在平阳侯家中做事的县吏郑季私通，生下了卫青。在母亲的关怀下，卫青度过了无忧无虑的童年。

后来，卫媪无力继续抚养卫青，便将他送到了生父郑季的家里。郑季之妻非常轻视卫青，经常让他上山放羊，郑季的其他儿子也从未将卫青

看为兄弟，经常肆意欺辱他。

一天，卫青与同伴来到甘泉宫。有个囚犯看到他后，对他说："虽然你现在非常贫寒，但是将来你一定会成为贵族，甚至会封侯拜将。"卫青笑道："我如今是人家的奴仆，只要少遭打骂，便觉得幸运至极，哪敢想封侯拜将呢？"卫青成年后在平阳公主家做骑奴，后来在骑郎公孙敖的推荐下，转到建章宫为奴。

公元前139年，卫青的三姐卫子夫进入后宫，深受武帝宠爱。陈皇后看到卫子夫受宠，非常嫉妒，但又不敢对卫子夫下手，于是便经常借故责骂卫青。有一天，皇后派人趁卫青不备将其抓住，准备杀害他。还好闻讯赶来的公孙敖率领众人将卫青抢了出来。武帝知道此事后雷霆大怒，立即任命卫青为建章监，并多次奖赏卫青。

不久，卫子夫被封为夫人，卫氏一族得以加官晋爵，卫青被提拔为太中大夫。就这样，本来为奴的卫青，转眼间便成了皇亲国戚。卫青擅长骑马，精于射箭，因此经常陪同武帝外出打猎，武帝十分信任他。

## 晋升为将，屡立战功

公元前130年，卫青被封为车骑将军，率军由上谷郡攻击匈奴，骑将军公孙敖从代郡出兵，轻车将军公孙贺从云中出兵，骁骑将军李广从雁门出兵。四路将领各率一万骑兵。

卫青首次出征便直捣龙城，将匈奴数百人斩首，取得胜利。公孙敖大军死伤惨重；李广则被

◀（汉）军司马印
此印为方形，桥形纽，上刻阴文篆书"军司马印"四字。

〉〉〉赵国群臣为赵王刘遂祝寿时刻下赵娄山刻石。

匈奴生擒，此后趁机逃回。依据汉律，公孙敖和李广应被处死，但在缴纳赎金后，他们都被贬为了平民。公孙贺虽然没有损伤，但也未立下战功。此战，汉朝四路大军中两路失败，一路无功而返，只有卫青大军大败匈奴，杀敌数百，卫青因此被封为关内侯。

公元前127年，匈奴军大举入侵边境，杀害辽西太守，击败渔阳太守，掳走渔阳数千人。汉武帝派兵反击。李息率军由代郡出兵，卫青率军由云中郡出兵，反击匈奴军，收复贺兰山以东、狼山和大青山以南的河套地区。

卫青部所向披靡，一路攻到高阙，收复河南地，在陇西又消灭数千匈奴军，俘获数十万头牲畜，赶走了匈奴白羊王和楼烦王。卫青回朝后被加封为长平侯。随后，汉廷将河南地区设为朔方郡。

匈奴右贤王为此怀恨在心，多次率军侵犯汉境，所到之处，烧杀掳掠，无所不为。公元前124年春，汉武帝命车骑将军卫青统率几位将军，带领十多万大军，由朔方出兵反击匈奴。这

◀（西汉）匈奴四驴纹铜牌
长4.7厘米，宽2.5厘米，四驴作蹲踞回首状，姿势相同，上下各两个。据《汉书·匈奴传》记载，驴是匈奴的奇畜之一，当时尚未传入中原。

一次，卫青决定采取夜袭之策。他令军队昼夜兼程，兵不卸甲，突袭匈奴右贤王大军。

匈奴右贤王以为汉军离此较远，很难快速赶来，正在帐中拥着美姬饮酒作乐，突然听到帐外杀声一片，顿时大吃一惊，急忙将美姬抱上马，带领数百骑兵向北突围而去。轻骑校尉郭成向北追赶了几百里，没有追上。但汉军俘获匈奴将领十多人、男女民众一万五千多人、牲畜数百万头。此战汉军大胜而还。

汉军回到边关时，汉武帝派遣的使者已经捧着印信等待汉军凯旋。随后，使者在军中传武帝诏令，拜卫青为大将军，所有将领全部由他统领，卫青的三个尚在襁褓中的儿子也被武帝封侯。卫青回京后向武帝推辞道："此战皆赖陛下护佑，我军才大败匈奴，这也是将士们奋勇杀敌的结果。陛下已经赐我食邑，至于我的儿子，他们年龄太小，没有立下任何战功，陛下却为其分地封侯，这样做无法鼓励将士们奋勇杀敌，所以他们三人不应该接受封赏。"

卫青将战功归于汉武帝和众将士，在汉武帝和众将士的心中树立了谦虚克己的良好形象，这也是卫青能够成为一代名将的重要因素之一。后来，汉武帝又封赏了卫青的部下们。

## 决战匈奴，官至司马

公元前119年，汉武帝决定再次攻击匈奴，以彻底灭掉匈奴。随后，他挑选了十万匹精壮的战马，命大将军卫青、骠骑将军霍去病各率精锐骑兵五万，分两路远征漠北。卫青率领大军在漠北行军千里，穿过大片沙漠，最后找到了匈奴单于的大军。匈奴兵已经摆好阵势，严阵以待。

卫青命令部队用战车迅速环绕成一个坚固的阵地，然后将精锐骑兵埋伏在阵中，随后派五千骑兵向敌阵冲击。匈奴单于以为汉军阵地里只有老弱残兵和粮草，便出动一万多骑兵扑过去。双方展开激战。黄昏时分，在外围作战的将士们疲惫不堪，卫青乘机推开战车，将阵中的两支生力军放出，从左右两翼迂回到单于背后。单于发现中计，慌忙下令撤兵，向西北逃去。卫青率领人马一路狂追，最后竟然追到了寘颜山赵信城。卫青下令将匈奴储存在赵信城中的所有军粮尽数烧毁，同时还捕杀了近两万名匈奴士兵，使匈奴大军遭到重创。

此战后，匈奴的实力大为减弱。这是汉朝自抗击匈奴以来取得的最大的一次胜利。随后，汉军凯旋，武帝加封有功将士，提拔卫青为大司马，让其掌管全国的军队。

在汉朝反击匈奴的战争中，卫青功劳卓著。作为中国历史上知名的军事家，他从未以功臣自居。相反，他宽以待人，爱护将士，因此受到众将士拥戴，也为后人所仰慕。

▶（汉）转射

转射是古代的一种守御工具，一般安装在"坞上"（即墙上有孔的矮墙之上）。此转射由木材制成，中心有圆轴，上开一斜孔，可架设弩臂或弓矢，士兵可通过斜孔向坞下瞄准放箭或观察敌情。

〉〉〉汉景帝刘启即位。

作为反击匈奴的汉朝名将，霍去病名震华夏。霍去病刚过弱冠之年便因功封侯。在战斗中，他灵活用兵，注重作战策略，不拘泥于古法；作战时，霍去病英勇果敢，所向披靡，因此武帝十分欣赏他。霍去病在短暂的一生中，曾四次率军反击匈奴，共计杀敌十一万之多。可惜天妒英才，霍去病二十四岁时便离开了人世。他的人生虽然短暂，但他为汉朝立下的安边开疆之功却万世不朽。

**公元前202年～公元25年**
/////////////西汉王朝/////////////
# 霍去病为国忘家

▲（汉）鸠杖首

汉代规定，老人到了七十岁可以得到鸠杖，并享受一定特权。用鸠鸟作为杖的装饰，是希望老人多福长寿。这件器物整体由鸠与杖组成，鸠用松木雕刻而成，并用白、黑二色装饰，杖用杉木刮制而成，素面无纹。

## 少年英武，大战匈奴

霍去病，河东平阳人，其母是平阳公主府的女奴卫少儿（卫子夫的二姐），其父叫霍仲孺。但霍仲孺不敢承认自己跟公主的女奴私通，于是霍去病生下来便背上了私生子的身份。一个私生子，母亲又是女奴，霍去病本应该永无出头之日，但是，奇迹后来降临到了他的身上。

卫子夫受到汉武帝宠爱后，卫氏家族也一起发达起来。卫子夫的大姐卫君孺改嫁太仆公孙贺，二姐卫少儿改嫁詹事陈掌，弟弟卫青则做了太中大夫。霍去病的命运也改变了。他长大成人后，武艺出众，精于骑射。

有一年，武帝让卫青选拔武士，霍去病由于勇猛强悍，勇冠三军，所以被提升为骠姚校尉。霍去病寡言少语，为人深沉。汉武帝曾劝说他学习孙吴兵法，他却答道："作为将领，应该随机应变，不必拘泥于古法。"

公元前124年，霍去病随同卫青抗击匈奴。在这次战斗中，虽然大将苏建惨败，赵信降敌，但汉军却取得了巨大的胜利。特别是霍去病首战告捷，立下了显赫战功。此战，他仅率八百骑兵，远离汉军大营，深入匈奴腹地，驰骋于沙漠和草原之间，奔袭数百里，抓住战机，斩杀匈奴两千余人，并斩杀了匈奴单于的祖父，俘虏了单于的叔父。汉武帝非常欣赏他，在他回朝后封其为冠军侯。

汉武帝为了奖赏其战功，特意为他建了一座华丽的住宅，但他却说："匈奴未灭，无以家为也。"

公元前121年春，汉武帝封霍去病为骠骑将军，官位与大将军一样。随后，霍去病率领骑兵从陇西出发，攻击匈奴。汉军所向披靡，一路破敌，彻底将汉朝此前弱于匈奴的颓势一扫而光。

此战中，霍去病接连攻破河西的五个部落，然后避开浑邪、休屠二王的部队，顺着焉支山向东飞奔一千多里到达皋兰山，与卢侯、折兰二王在皋兰山下展开激战，并取得了巨大胜利。

## 用兵灵活，功盖当代

霍去病作战时，会依据实际情况随机应变，不拘泥于古法。他经常不按常理出战，每一次都将匈奴军打得迷迷糊糊，不知南北。对于他出其不意的作战方式，匈奴人非常头疼，完全处于被动

〇看世界／本都进入马其顿　　　　〇时间／前89年　　　　〇关键词／控制爱琴海

▲汉军大败匈奴

少年读全景中华上下五千年・2・秦汉纷争

西汉王朝・统一强盛的王朝

〇七八

状态。

　　公元前121年夏，霍去病再次率军反击匈奴。他采取兵合一处直捣敌穴、分兵追击的战术，派轻骑直攻祁连山，到达月氏国边境，斩杀数万匈奴士兵，同时还俘虏了两千余人。此战中，霍去病大军杀死、俘虏多名匈奴的王爷、王子、王妃、将军等人。回朝后，霍去病的部将赵破奴、高不识等人也因功封侯拜爵。这之后，霍去病的名声已经可与卫青比肩了。

　　匈奴单于准备以战败为由，将浑邪和休屠二

>>>汉景帝任周仁为郎中令，张凯为廷尉，晁错为左内史，申屠嘉为丞相。

王问罪处斩，于是二王率军投降汉朝。汉武帝担心有诈，特意让霍去病率大军前去受降。霍去病在路上时，休屠王反悔了，浑邪王派人刺杀了休屠王，并收编了其军队。霍去病听说此事后立即率军强渡黄河，命令汉军逐步进逼匈奴军。这时，浑邪王手下那些不愿降汉的人调转马头逃跑，匈奴阵营混乱不已。霍去病果断带兵上前，闯入浑邪王军中生擒浑邪王，从而稳住了匈奴军心。经过一番谈判，霍去病令浑邪王将所有作乱将士斩杀，随后接受了浑邪王的投降。

此后，朝廷将投降的匈奴将士安置在了陇西附近，又沿祁连山到盐泽建筑边防城寨，在休屠王、浑邪王的原驻地分设武威、张掖两郡，它们和酒泉、敦煌总称为河西四郡。此举既孤立了匈奴，又开辟了通往西域的道路。

## 追杀千里，封狼居胥

公元前119年春，汉武帝让卫青和霍去病分别率领五万骑兵深入漠北，伺机歼灭匈奴主力。

霍去病率军北进两千多里，翻越离侯山，渡过弓闾河，最后找到匈奴左贤王大军，经过激战，斩敌七万余人，并俘虏匈奴屯头王、韩王等三人及将军、相国、当户、都尉多人。随后，霍去病乘胜追击匈奴到狼居胥山，在狼居胥山举行了祭天封礼，在姑衍山举行了祭地禅礼。此次汉军一直攻到瀚海。

此战后，"匈奴远遁，漠南无王庭"。霍去病"封狼居胥"的盖世战功，令他成为中国历代军事家奋斗的榜样。这一年，霍去病只有二十二岁。当然，年少得志的霍去病并非完人，他曾经将李广之子李敢射死，也曾经虐待部下。但是，无论他多么严厉，他依旧是人们心中的战神，士兵们都渴望成为他的部下，随他驰骋沙场，报效国家。

霍去病在短暂的一生中，曾四次率军攻击匈奴，每次都是大捷而归。他共计消灭敌军十一万，接受降敌四万，而且还为汉朝开辟了疆域，其战功甚至超过他的舅舅卫青。无论在中国军事史上，还是在世界军事史上，霍去病都是一个名垂青史的军事奇才。

公元前117年，霍去病病逝于长安，时年二十四岁。汉武帝为他举行了隆重的葬礼，穿玄黑铁甲的官兵列队将他的灵柩护送到其墓穴茂陵东，葬于外形仿祁连山状的高大的墓中，墓前还有汉武帝为表彰其战功而立的十四件大型圆雕石刻。

霍去病可以说是汉武帝亲手培养起来的骁勇战将。汉武帝对霍去病的宠爱和信任，朝中无人可比。汉武帝曾为霍去病建造豪华的宅第，霍去病却说"匈奴未灭，无以家为也"。可以说，正是这种为国忘家的崇高品质，才使他立下了他人不可企及的赫赫战功。

◀（汉）铜棍棒头

铜棍棒头流行于北方地区狩猎民族中，在当时是一种装柄使用的砸击工具，有时也会用作权杖的杖首。

◎看世界／"同盟战争"结束　　　◎时间／前88年　　　◎关键词／失败

汉武帝登基之初，从归降的匈奴人口中得知，在敦煌、祁连山地区有一个游牧民族建立的国家——大月氏，古书上称其为"禺氏"。秦汉之际，大月氏发展壮大后，经常侵略乌孙国，攻击匈奴军。西汉初年，大月氏军队屡次败于匈奴，士气低迷。鉴于此，汉武帝决定派张骞出使大月氏，说服其联合汉军反击匈奴。

公元前202年~公元25年
////////// 西汉王朝 //////////
## 张骞通西域

### 肩负使命，出使月氏

张骞，汉中郡城固人，性格刚毅、忠信，具有冒险精神。

汉武帝即位初期，有些匈奴人归顺了汉朝。后来，汉武帝从这些匈奴人口中得知，西域有一个月氏国，曾经被匈奴击败。这个国家十分仇恨匈奴，总想报复，但没有人助其一臂之力。汉武帝考虑到，月氏国位于匈奴之西，如果汉军联合月氏军，将匈奴和西域各国的联系切断，那就相当于切掉了匈奴的后路。鉴于此，汉武帝决定派张骞前往大月氏。

公元前139年，张骞在堂邑氏奴甘父的带领下，率领百余人从陇西踏上前往大月氏的征程。他们艰难地向目的地迈进，在路上被匈奴人擒获，被押解到匈奴。匈奴单于为了拉拢张骞，为其娶妻，就这样，张骞被扣留在匈奴十年之久。但这没有改变张骞继续出使西域的决心，他准备带着自己的符节伺机出逃。

公元前129年，张骞带领随从逃出了匈奴。他们一路跋涉，从车师国进入焉耆，接着沿塔里木河向西而行，穿越龟兹国、疏勒国等小国，跨过葱岭，最后来到大宛，此地距离他们出发之地远达一万多里。大宛国王对汉朝使节的到来感到十分欣喜，还派人做向导，将张骞一行送到了月氏国。然而，此时月氏国的情况已经发生了重大改变。月氏人迁到此地后，击败了邻国大夏，最后决定定居在此，再也不愿意和匈奴征战了。另外，月氏人还觉得汉朝远离本国，无法与自己合军共击匈奴。所以张骞此行没有达到预期目的。

公元前128年，张骞开始返国，这时，他已经收集了很多西域各国的资料，比如大宛、大夏、康居等国的情况。为了避开匈奴军，张骞绕道葱岭，沿昆仑山向北前进，经过于阗，但不久又被匈奴所俘，被扣留在匈奴

◀（汉）波斯银币

丝绸之路开通后，中国同中亚、西亚之间贸易往来频繁，各国货币大量流入中国。此为陕西西安出土的波斯银币。

〉〉〉汉景帝立皇子刘德为河间王，刘阏于为临江王，刘余为淮阳王，刘非为汝南王，刘彭祖为广川王，刘发为长沙王。

◎看世界／苏拉获得罗马军事指挥权　　◎时间／前88年　　◎关键词／抗击本都

▲敦煌壁画《张骞出使西域图》

这幅壁画出自敦煌莫高窟第三百二十三窟的石壁上，画中骑在马上的人就是张骞。

一年多。

公元前126年，匈奴单于去世，张骞趁机带领其匈奴妻子和堂邑父逃出匈奴，最后安然返回汉朝。当初张骞出使月氏时有百余人，如今只有两人返回。随后，汉武帝封张骞为太中大夫，封堂邑父为奉使君。

## 不畏艰辛，开通丝路

回到京城不久，张骞便向武帝提议联系身毒，武帝应允了。

于是张骞派出四路人马，从四川的成都和宜宾出发，分别向青海南部、西藏东部和云南境内进发。他们的目的地都是身毒。四路人马各自走了几千里，最后在氐、榨和禹、昆明等地受到阻碍，无法前行，先后返回。张骞主持的这次由西南开辟新路线的活动，虽未达到预期目的，但对开发西南还是有益处的。

公元前124年，张骞以校尉的身份跟随卫青征讨匈奴。他熟悉匈奴地形，具有丰富的沙漠行军经验，因此引导汉军在沙漠中找到了水草，使这次战争取得了胜利，最后因功被封为"博望侯"。几年后，张骞与李广分别率军反击匈奴，但由于错过行军日期，他的爵位被剥夺。

汉武帝经常向张骞询问西域诸国概况。张骞提议汉朝结交乌孙国，联合乌孙抗击匈奴。他对武帝说："假若将公主许配给乌孙国王，与他结亲，就相当于斩断了匈奴的右臂，甚至还能影响大夏等国，使其归附我大汉。"汉武帝听后表示赞同，于是派他第二次出使西域。

公元前119年，张骞拿着汉朝的旄节，率领三百多名随从，带着一万多头牛羊和大量的黄金、钱币、绸缎、布帛等礼物去结交西域诸国。张骞到达乌孙后，乌孙王亲自出城迎接。张骞送其贵重礼物，提议两国结亲，合兵抗击匈奴。乌孙王清楚汉朝离乌孙十分遥远，他既想得到汉朝的帮助，又不敢得罪匈奴。乌孙君臣对此事讨论了许久，也始终没有确定下来。

张骞担心耽误时间，便派遣部下带着礼物分别去联络大宛、大月氏、于阗等国。汉使的足迹遍及中亚、西南亚各地，最远到达了罗马帝国和北非。

乌孙国王不太相信张骞的话，就派人前往汉朝打探消息。公元前115年，张骞与乌孙使者回到长安。乌孙使者看到汉朝疆域广阔，国富民强，回国后将详情上报乌孙国王。随后，乌孙国王便下决心和汉朝建立友好关系。

此后不久，张骞去世。

张骞前后两次出使西域，让汉朝和西域多国建立了友好的关系，开辟了中西通商道路——"丝绸之路"。这条通道加强了中原人民和西域人民之间的经济、文化交流，也使汉王朝的疆域延伸到了西域地区。作为"丝绸之路"的开辟者，张骞功劳巨大。

飞将军李广书写了军事史上的神话，他的孙子李陵继承了他的遗志，也走上了抗击匈奴的道路。不同的是，李广蒙羞后不甘受辱，悲壮自刎；而李陵被擒后，由于情势所逼，投降了匈奴。李陵是中国历史上颇有争议的人物，他的人生悲剧也令后人悲叹。

公元前202年~公元25年
////////////西汉王朝////////////

# 李陵叛投匈奴

## 名将之后，率兵出征

李陵，字少卿，陇西成纪人，其祖父是汉朝名将李广。长久以来，陇西李氏一直是当地知名的武将世家。李家人精于骑术、射箭，受士兵爱戴，匈奴十分害怕李家人。李陵长大成人后，担任皇帝卫队的将领，他擅长骑射，非常关心和体贴士卒。汉武帝认为，李陵继承了其祖父李广的大将风范，因此令他在酒泉和张掖地

▶（汉）木雕马俑

善于骑战的匈奴是西汉的强敌，故汉朝一直致力于培育良马。凉州是当时全国最大的牧马场，汉王朝在这里培育了大量良马，因此在这个地区经常有依照良马标准制作的木雕马俑出土。

区教来自丹阳和楚地的五千士兵学习射箭，以抵御匈奴的侵扰。

公元前99年，李陵跟随李广利出兵攻打匈奴。随后，汉武帝将其召回京师，让他率军保障汉军的后勤补给。但是，李陵说自己愿意上前线作战。他对武帝说："我的部下全部是荆楚地区的勇士、奇才和剑客，其勇可杀虎，其箭术能百步穿杨。我希望率军上前线杀敌，以分散匈奴的注意力，配合大军作战。"当时，武帝十分宠幸李陵，便说："任何一个将领，都希望自己可以独当一面。我知道你不愿意被别人统领。但是，此次出动的部队太多，目前无法为你配给马匹。"

李陵说："我不用马匹，我只用五千步兵就可以以寡胜众，摧毁匈奴王庭。"听闻如此豪言，李广利十分忌恨李陵。

不过，汉武帝对此话却感到非常满意，随后便令强弩都尉路博德担任李陵的后援，负责接应掩护。路博德认为当李陵的副手是一种耻辱，便上书武帝道："秋季临近，匈奴正是马肥草茂、兵士强盛之时，因此不适合出兵。请陛下令李陵暂缓进军，待明年春季一并攻打匈奴。"

汉武帝看后大怒，以为是李陵反悔不想出兵才让路博德上书的。于是，汉武帝下令让路博德率领大军前往西河攻击匈

◎看世界／罗马夺回小亚细亚　　◎时间／前86年　　◎关键词／本都战败

◀（西汉）匈奴怪兽纹饰牌
该饰牌呈椭圆形，怪兽头居中，似虎，兽身弯曲。饰牌上还附有一个鼠状动物，尖嘴，长尾，整体造型十分奇特。

奴，同时令李陵率军出兵居延遮虏障，前往浚稽山之南的龙勒岸边探查匈奴军的情况，如果那里没有匈奴军，便返回受降城休息。于是，李陵率领五千步兵出兵居延，一路向北前进，一个月后到达浚稽山，驻军扎营，并命人绘制路过的山川地形图，然后派部将陈步乐送回京师。汉武帝召见陈步乐，听说李陵让士卒奋勇杀敌，大为开心，遂晋升陈步乐为郎官。

## 兵力悬殊，嗜血杀敌

这时，战争形势发生重大变化。匈奴单于亲率三万大军包围了李陵军。面对数倍于己的匈奴军，李陵十分镇静。他将军队汇聚在两山之间，然后以运送粮草的车布阵，四面防御，他自己则亲率精锐部队在车阵外拒敌。前排士卒手握盾牌长戟，弓箭手则埋伏于后排。李陵下令："闻鼓则进，闻津则退。"匈奴军看到汉军兵微将寡，便直接冲过来，这时，汉军的前排士卒先与匈奴军展开肉搏，随后又退回战壕。匈奴军前来追击时，后排弓箭手万箭齐射，匈奴军顿时人仰马翻，死伤无数，于是匈奴首领赶忙收兵返回驻地。李陵则率军一路追击，最后杀敌数千人而归。

匈奴单于大惊之下，立即命令其他匈奴军前来支援，随后再次向汉军发起冲击。由于敌众我寡，李陵不得不边战边退。几天后，李陵军退入一个山谷中。由于连续征战，汉军将士们基本上都受了伤，但他们依旧顽强抵抗匈奴军的进攻。身受三处伤的士卒，坐在车上；身受两处伤的士卒，负责驾车；身受一处伤的士卒，则继续参加战斗。就这样，他们又将三千多名匈奴兵斩于马下。接着，李陵继续率军顺龙城旧道撤退，过了四五天，他们退到了沼泽芦苇中。这时，匈奴军点燃芦苇，企图让汉军葬身火海。李陵马上让士卒放火烧光四周的芦苇，从而得以自救。随后，汉军继续向南撤退，来到南山脚下。此时，山上的单于令其子率军攻击汉军。于是，汉军和匈奴军又大战了一场，汉军斩杀了数千匈奴兵，同时汉军以连弩机射击单于，单于急忙逃下山去。

面对这支兵微将寡的汉军，匈奴的精锐骑兵苦战多时，付出了惨重的代价，依然没有得胜，这让匈奴单于百思不得其解。而且最不能理解的是，这支军队战到今日，竟然还是秩序井然，士气旺盛，难道汉军已经有所准备？单于怀疑这是汉军的计谋：以孤军为饵，逐步引诱他追击，让其进入埋伏圈。想到此，他便想放弃攻打李陵军。但是其部下齐声反对，叫嚷道："大王亲率数万大军远征，如果连这支小小的汉军步兵都拿不下，那以后还如何号令属国？如何让汉朝不看轻匈奴呢？在山谷和树林中，我们无法战胜汉军，但前面就是平原，比较适合我们作战，到时如果还打不败汉军，再班师回朝也不晚。"

## 叛徒出卖，兵败降敌

匈奴拥有众多骑兵，在一天之内可以作战十回之多，不过，汉军依然杀伤了两千多名匈奴兵。匈奴军仍然屡吃败仗，于是准备撤军。就在匈奴军打算退兵的时候，李陵军中的军侯管敢因不堪忍受校尉的羞辱，叛逃到匈奴，告诉匈奴人李陵没有后援，弓箭也快用完了，李陵是让八百人打着黄白旗帜制造声势，没有什么可怕的，只要将其射杀，便可彻底击败汉军。单于听了此话后，吃了定心丸，令部下倾巢而出，向汉军发起进攻，同时令人大喊："李陵、韩延年，放下兵器投降吧！"随后又派一队士卒截断汉军退路，猛攻李陵军。

李陵率军拼死抵抗，汉军一天就射了五十万支箭，最后所有的箭都射完了。李陵不得不下令扔掉粮草车辆。这时，汉军只剩三千人，而且刀枪俱断，于是，汉军砍下车轴，做成兵器，文职人员则以刻字的笔刀为兵器。匈奴大军逐渐缩小包围圈，单于亲率精锐骑兵挡在谷口，然后从山上推下巨石砸向汉军。此战汉军死伤惨重，已无兵可战。

半夜时，李陵令部下击鼓，但鼓已破，无法发声。接着，李陵和韩延年骑马率领十多名士卒向南突围。数千匈奴骑兵随后追击，最后韩延年战死，李陵被擒。此后，边境守将报告朝廷，说李陵已经投降匈奴。

李陵被擒后，早已将生死置之度外，但几次自杀都未成功。这时，汉武帝已听闻李陵降敌的消息。他最痛恨的便是叛臣，大怒之下诛杀了李陵全族。李陵在匈奴本来只求一死，以尽忠于汉朝。但听说自己全族被诛杀后，一气之下便投降了。

此后，李陵在匈奴生活了二十多年，但在有生之年，他从未参与过匈奴对汉朝的军事行动。

李陵战败的关键原因是大将军李广利未派兵援救。不过，李陵能以五千士卒血战八万匈奴铁骑，而且抗击了十多天，可谓神奇之至！遗憾的是，李陵最终投降了匈奴，而在中国传统的精忠报国的道德思想中，作为武将，宁死也不能降敌。因此，李陵叛汉，虽情有可原，但依旧为后人所诟病。

▼（西汉）四神纹玉铺首

出土于汉武帝茂陵。铺首呈扁方形，四角弧圆，分别雕铸有青龙、白虎、朱雀、玄武的神像，四神像形象庄严凝重，整个图案充满了神秘的气息。

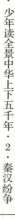

---

---

公元前100年，匈奴新单于即位。为了表示友好，汉武帝派苏武率队出使匈奴。没想到，在苏武完成使命准备率队回汉时，匈奴爆发内乱，苏武无辜受累，被扣留在匈奴。但苏武并未屈服，在被软禁的十九年间，他虽身在匈奴牧羊，心却日夜思念故土，时时盼望回归汉朝。千百年来，他都被当成爱国的典范。

## 出使匈奴，兵变遭扣

苏武，字子卿，杜陵人，其父平陵侯苏建为汉初名将。苏建在一次征战中失利，按律当处死，但卫青赦免了他，随后汉武帝让他以钱赎罪，并让他担任代郡太守。可以说，苏家世受皇恩。苏武少时依靠父荫，做了武帝侍从。

当时，汉军大败匈奴，匈奴军死伤惨重，再也无力像以前那样肆无忌惮地侵扰汉境。匈奴单于时常派遣使节前往汉朝，汉武帝也派遣使节前往匈奴表示友好。事实上，汉朝和匈奴都没有交好之念，只是想察看对方的情况，然后寻找时机再战。但是，匈奴毫无信义，经常将汉朝使节扣留

**◎公元前202年～公元25年**
**//////// 西汉王朝 ////////**
# 苏武牧羊

在匈奴。为了报复匈奴，当匈奴使节来汉后，汉朝也会将他们扣留。

公元前100年，匈奴且鞮侯单于继承王位。他担心汉朝对匈奴出兵，便将过去扣留的所有汉朝使节送还汉朝。汉武帝大喜，随后派遣中郎将苏武出使匈奴，并负责将扣留在汉的匈奴使节护送回匈奴，而且还为单于准备了许多财物，以示友好。于是，苏武和副中郎将张胜以及临时委派的使臣常惠，再加上征召来的士兵、侦察人员共一百多人前往匈奴。到达匈奴后，苏武代表西汉朝廷将财物送与单于。

正当单于准备派使者护送苏武等人归汉时，发生了一件大事。已经投降匈奴的汉朝使节卫律，其手下有一个人叫虞常，他虽然投降了匈奴，但内心非常不愿意。由于张胜和虞常过去就相识，所以当苏武等人到达此地后，虞常便经常私自去找张胜交谈，说自己要斩杀卫律并绑架单于之母返回汉朝。张胜还未将此情况告诉苏武，便同意了虞常的计谋。

一天，趁单于外出打猎之机，虞常便召集部下准备行动。不料，有人出卖了他们，将计谋告诉了匈奴人。于是，单于之子调集重兵捉拿虞常，经过一番激战后，虞常被擒。张胜担心虞常被擒牵连自己，便将此事告诉了苏武，苏武听后说："事已至此，我们必然受累，但我们不能受辱。"说罢便要自杀，但被属下拦住了。

果然，虞常被严刑拷打后，将张胜供了出来。单于听闻后大怒，在和文武大臣商量后，决定斩杀所有汉朝使节。不过，有人认为应该逼迫汉使投降匈奴，以此羞辱他们。于是，单于召见苏武等人。在审讯中，苏武对常惠说："我们若是丧失气节，有辱国威，纵然活下来，还有何颜面回到汉

---

▲（西汉）尼雅龙虎纹铜镜
镜面平整光滑，背面铸有一龙一虎戏珠图案，外侧有几何纹样。镜体保存完好，纹饰清晰，是一面铸造精巧的铜镜。

廷去呢？"边说边拔剑自刎，但被卫律等人拦下，此时苏武已经满身是血，卫律急忙让医生为其包扎。单于非常钦佩苏武宁死不屈的精神，让医生全力救治苏武。单于看到苏武如此忠肝义胆，便欲劝降他。

## 众人规劝，宁死不降

苏武伤势好转后，卫律在苏武和张胜面前杀了虞常，接着举剑威胁张胜，张胜投降了。随后，卫律又举剑威胁苏武，但苏武毫无惧色。卫律看到苏武不怕死，便采取利诱之法。他对苏武说："我叛汉归降匈奴后，多承单于恩典，被封为王侯，拥有数万部下，牛马更是无数，可以说是相当富贵了。如果你今天归降匈奴，那么明天你就和我同样富贵了。更何况，即使你为国而死，又有谁知道呢！"苏武听闻此言，怒骂卫律道："你本为大汉臣子，如今叛国背主，还有什么资格和我谈论国家大义。"卫律明白苏武绝对不会投降匈奴，便回去报告了单于。

单于听后，越发想逼苏武投降，于是就将苏武放在地窖里囚禁起来，不让他吃喝。苏武就将雪和毛毡一起吞下去止饿，就这样好几天，竟然没有死。匈奴人认为他很神奇，便将其迁往北海无人之地，让他牧公羊，说等

到公羊生了小羊便放他回国。同时，匈奴将苏武的部下和常惠等人分别安置到别处。

苏武到达毫无人烟的北海后，只有一根代表朝廷的旌节与其为伴。没有人给他送食物，他就挖野菜、拔草根为食。

李陵降敌后，单于得知李陵与苏武过去曾是好友，于是让李陵前来规劝苏武投降匈奴。李陵来后，苏武才了解到，兄长苏嘉和弟弟苏贤由于犯了小错，都自尽了，母亲已然病故，妻子也改嫁。他不禁泪流满面。李陵对苏武道："我刚被俘时，感觉愧对朝廷，但后来得知朝廷不分青红皂白将我全族诛杀，我已经没有家了，所以只能投降。现在，你也无家可回了，如果就这样葬身异国他乡，你的爱国心又有谁明了？人生苦短，何必要虐待自己？"苏武说："我苏武父子无功无德，都是皇上栽培提拔起来的，官职升到列将，爵位封

▶黄慎《苏武牧羊图》
苏武牧羊是历代绘画中的常见题材之一。画中，苏武手持汉节，双目遥望汉廷方向，目光坚定，表现了不屈的意志。

〉〉〉汉武帝任用窦婴为丞相，田蚡为太尉，赵绾为御史大夫，王臧为郎中令，欲全面推行新制。

◎看世界／苏拉率大军登陆意大利南部　　　　◎时间／前83年　　　　◎关键词／布隆迪西乌姆

▶（汉）夔凤纹玉璜

璜是周礼中祭祀天地四方的礼器之一，唐代以后逐渐消亡。夔凤纹虽然在各代都常被用作纹饰，但它在每个朝代各有特色，这种通体勾连的夔凤纹一般只出现于汉代。该玉璜整体造型精美，雕琢细腻，是汉代礼器之佳品。

为通侯，兄弟三人都是皇帝的亲近之臣，愿为朝廷牺牲一切。希望你不要再说了。"李陵长叹一声，称颂苏武乃大汉忠臣。

后来，又有许多人来劝苏武投降，但他都坚决不从。单于钦佩其铮铮铁骨，一直没有将其杀害。就这样，苏武一直在北海牧羊。

## 朝廷要人，苏武还乡

公元前85年，匈奴单于去世，新任单于派遣使节入汉求和。汉廷提出了释放苏武等汉使并让其归国的条件，但匈奴人谎称苏武已死。朝廷以为苏武确实故去，就放下了此事。

不久，汉使前往匈奴。常惠听说此事后，贿赂匈奴看守，乘着夜色前去会见汉使，告诉了他苏武的遭遇，并为他想了个办法，教他如何向匈奴单于要苏武等人。

次日，汉使拜见单于，气愤地对单于道："如果匈奴当真和我大汉交好，就不该欺瞒我们。我们陛下前日在花园中射落一只大雁，大雁的腿上绑有一块绸布，上面写着'苏武尚在人世'。单于为何说他去世了呢？"

单于听后大惊，以为苏武之忠感动了大雁，使大雁为其传递信息。事已至此，单于不得不将苏武自北海放归，最后将常惠等人也一起交与汉使带回汉朝。

公元前81年，历尽坎坷的苏武终于回到长安。出使匈奴时，苏武年轻力壮，而如今却已满头白发。在遭放逐的日子里，苏武只要投降，就可以享受锦衣玉食的生活。然而，他宁可在人迹罕至的北海受苦受难，也不愿投降。为了尽忠于国家，他在人生最美好的时光中，在北海牧羊。不过，正因如此，他才成为后人心中的爱国楷模，留名青史。

▲（汉）双身动物面纹璧

此璧光亮度好，璧两面纹饰相同，内圈刻有排列整齐的谷纹，外圈以粗阴刻线琢兽面纹。

高祖、惠帝、文帝、景帝和武帝时代英才辈出。正是这些英才，辅佐汉朝统治者开疆辟土，安邦定边，发展经济，从而为汉武帝开创辉煌盛世创造了条件。这些汉王朝的功臣，并非都有好下场。其中，一度独揽朝政大权、最终却全家被诛杀的窦婴，便是一个让人感叹的英才。

公元前202年~公元25年
//////////西汉王朝//////////
## 窦婴舍身救友

### 酒醉失言，灌夫被捕

窦婴，字王孙，清河观津人，窦太后之侄。

七国之乱时，景帝任命窦婴为大将军，率军驻守荥阳。平定七国之乱后，窦婴因功被封为魏其侯。窦婴喜好儒学，不久后被窦太后罢官逐出朝廷。窦婴周围之人逐渐远离他，唯有将军灌夫一如既往地与其交往，因此他们成了莫逆之交。

窦太后去世后，武帝令田蚡担任丞相。作为另一支外戚势力，丞相田蚡十分藐视失去权势的外戚窦婴。

公元前131年，田蚡举办喜宴，太后下令所有皇亲侯爵都前去祝贺。在喜宴上，田蚡向众人敬酒，所有来宾都起身离席伏在地上，表示不敢当。不久，窦婴也向众人敬酒，但只有窦婴的一些老朋友离席表示谦让和感谢，大多数人则端坐不动，只是微微欠身表示还礼。

灌夫认为他们对窦婴不够尊重，非常生气。随后，他也向众人敬酒。敬到临汝侯时，临汝侯端坐在席位上与程不识小声交谈，并不起身回礼。灌夫本来就生气，看到临汝侯如此不尊重自己，便忍不住怒骂道："以前你经常暗骂程不识贫贱，如今我给你敬酒，你却和他说悄悄话！"来宾们看到如此状况，都先后告辞离去。

这时，窦婴也要离去，招手让灌夫走。田蚡大怒，让人将灌夫绑起来，随后又召来长史，说："今日邀请众人前来赴宴，是太后的命令。灌夫在喜宴上辱骂来宾，亵渎诏令，犯了不敬之罪。"随后，灌夫被打入大牢。接着，田蚡下令追查灌夫过去所犯的错误，判其斩首之罪，然后派人四处抓捕灌氏族人。

窦婴明白，灌夫醉酒闹事全是为了自己，所以他让人向田蚡求情，然而田蚡并未释放灌夫。

### 挺身而出，当庭辩论

为了尽早将灌夫营救出来，窦婴决定想新的方法。其妻劝他道："灌将军与田蚡交恶，也

▼（西汉）绞丝玉环

玉环周身饰绞丝纹，纹理转曲迂回，内外延伸。绞丝纹的雏形为索纹，即用绳索模印在原始陶器上的纹式，在玉器上雕琢起来难度极大。

〉〉〉汉政府修通了陕西凤翔至陇山的"回中道"，意在开辟去往西域的通道。

◎看世界／斯巴达克击败高卢总督卡修斯　　◎时间／前72年　　◎关键词／力量壮大

▶（西汉）花蕾形佩

整体好像一个含苞待放的花蕾，一侧透雕一只凤鸟，凤鸟呈昂首曲体卷尾状，踏在花蕾的蒂叶上。

己决定。汲黯则认为窦婴有理，内史大臣也认为窦婴有理，但他们担心田蚡报复便住口不言。其他大臣也都不敢表明意见。武帝怒骂道："你们以前经常评价窦婴和田蚡，现在公开谈论时却畏畏缩缩，我真恨不得将你们统统诛杀。"武帝说罢就前往太后处。

## 太后施压，惨遭杀害

太后听后，怒道："我如今尚在人世，就有人欺辱我兄弟，如果哪一天我魂归九天了，我兄弟定然会被他们当作鱼肉一样宰割。你作为九五之尊，怎么可以没有自己的主张呢！如今，皇帝尚在位，群臣便如此相互附和，一旦皇帝驾崩，还不知他们会做出什么事情呢。"武帝十分羞愧，对太后说道："双方皆为皇亲国戚，因此才让其随意辩论。否则，此事由狱吏处理即可。"

原来，景帝弥留之际，曾给窦婴留下遗诏，说他一旦遇上棘手之事可以直接向皇帝上书。如今，面对太后的强大压力，武帝必定会偏向田蚡。鉴于此，窦婴直接上书武帝，将景帝给自己留下遗诏之事说了出来，并请求武帝赦免灌夫之罪。武帝看到窦婴的奏疏中说有先帝遗诏，便马上派人去寻找，却没有找到遗诏的原稿，只是在窦婴家里找到了遗诏的副本。于是，窦婴遭到弹劾，被指犯有伪造先帝遗诏之罪。最后，窦婴被杀。

田蚡仰仗太后之威，肆意弄权，只为一桩小事，便诬陷窦婴，实在可恨！灌夫暴躁放肆，不仅害了自己，还牵连好友，实在可叹！不过，窦婴冒死营救朋友的举动的确值得后人称赞。

就是与太后一族交恶。你如何救得了呢？"窦婴说："魏其侯的爵位是我因功所得，如今就是失去它我也没有丝毫遗憾。但我无法眼睁睁地看着灌夫被杀。"随后，窦婴将仆人遣散，家产变卖，然后上书汉武帝。武帝召他入宫，窦婴将灌夫之事详细地告诉了武帝，认为灌夫罪不至死。武帝听后认为有理，便命其与自己一起进餐，并对他说："等会儿大家一起谈论此事吧。"

众臣到了后，窦婴尽数灌夫之功，说他如今只是酗酒失言。田蚡却极力诬陷灌夫，说他居功自傲、肆意妄为，犯有欺君之罪。窦婴认为无法在此事上诘难田蚡，于是转而说田蚡的短处。田蚡回应道："我确实很贪，也确实好色，喜欢珍馐佳肴、华装丽服。但我如此是因为如今是繁华盛世。"看二人争执不下，武帝问其他大臣："你们觉得他们二人谁更有理呢？"御史大夫韩安国是一个圆滑之人，他说二人都没有错，希望武帝自

桑弘羊，汉朝重臣，生于商贾之家，年少时便以擅长心算闻名四方，十三岁时进入皇宫，此后担任过侍中、大农丞、治粟都尉大司农等职。在他的推动下，朝廷先后颁布了盐、铁、酒官营以及均输、算缗、平准、告缗、统一铸币的经济法令，这些法令为推动大汉进入繁华盛世起了重要作用。

公元前202年～公元25年
////////////西汉王朝////////////
## 理财能手桑弘羊

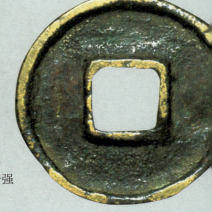

### 少年得志，担任农丞

桑弘羊出生于河南洛阳，家里靠经商维持生计。桑弘羊在小时候便有心算之才，十三岁时进入皇宫。从此以后，他在宫中担任侍中之职达二十年之久。侍中的主要职责就是为皇帝处理生活中的琐碎小事。不过，侍中也拥有特殊的权利——为皇帝提建议。

武帝登基后，决定出兵征讨匈奴。然而，战争耗资巨大，朝廷当时没有足够的财力。桑弘羊明白，无论财政如何困难，都要坚决反击匈奴。但若没有足够的财力，必定会影响战争，甚至可能导致反击匈奴的战争的最终失败。因此，只有快速解决朝廷的财政困境，才能消除武帝的后顾之忧。于是，桑弘羊认真研究了当时的现实情况，并从法家思想中汲取养料，最终找到了解决财政困难的办法。这个办法也得到了汉武帝的认同。

在汉武帝和御史大夫的全力支持下，朝廷开始推行桑弘羊制定的理财措施。

第一，发行白鹿皮币和白金币，减轻法定钱币重量。白鹿皮币是以白鹿皮做成的钱币，每张一尺见方，周围画上彩色花纹，一张白鹿皮币价值四十万钱。朝廷规定，王侯、宗室朝觐皇帝时，都要用白鹿皮币做礼品。其实，这相当于强迫王侯和宗室纳税。

第二，在陇西、西河、会稽等地迁入部分灾民，让他们在那里开荒。凡落户当地的移民，其衣食全部由朝廷提供。这对发展农业和巩固边境非常有利，还能增加国家的财政收入和增强国家的经济实力。

第三，推行算缗政策。缗就是缗钱，一千钱为一缗。算缗就是按缗计算税额的征税法，一算为一百二十钱。算缗政策的具体规定是：凡是从事商业活动者，按营业额交税，每二缗纳税一算；凡是从事手工业生产且自产自销者，按出售产品的价格交税，每四缗纳税一算；车船要征通过税，车辆通常纳税一算，商人则加倍，船身长五丈以上的纳税一算；凡是经商者，无论有没有户口都必须纳税，隐瞒不报或偷税漏税者一经查出便没收财产，并发往边疆服役一年，检举揭发之人奖励没收财产的一半。

通过桑弘羊的举措，国库日益充实，为武帝讨伐匈奴提供了财政支持。

公元前115年，武帝提拔孔仅担任大农令，让桑弘羊代替孔仅担任大农丞之职，主管朝廷的财政事务。担任此职后，桑弘羊的才能得到了更加充分的发挥。

〉〉〉汉军在河南之战中击败匈奴楼烦王、白羊王，收复河南地，解除了匈奴对长安的威胁。

---

◎看世界／罗马派克拉苏征讨起义　　　◎时间／前72年　　　◎关键词／紧急状态

---

▼（西汉）铜刀坯

方穿圆形，内有方环，接一刀币形柄，整个形状似一把钥匙。

## 整顿货币，盐铁官营

公元前113年，桑弘羊上奏汉武帝，希望朝廷对钱币制度加以整顿和改革。他在奏章中写道："所有郡国都不允许铸钱币，那些已经拥有铸钱权的郡国此后不得铸钱。铸钱权收归朝廷后，由上林三官统一铸造，其所铸之钱称为三官钱或上林钱（三官就是指水衡所属的钟官、辨铜令、技巧官）。以前发行的所有钱币都废除并熔毁，熔毁后的铜送到三官，由三官分别负责原料、技术和铸造，以三官所铸之五铢钱作为全国唯一通用的钱币。"

汉武帝采纳了这一建议，并下令在全国范围内实施。此后地方王侯私铸的劣质钱就很难流通了。这样一来，市场稳定了，朝廷的财政收入也增加了。

后来，汉武帝任命桑弘羊为治粟都尉，同时代理大农令，主要负责处理国家的经济事务。之前，孔仅和东郭咸阳先后担任过大农令，但是他们留下了许多问题，如盐铁质量低劣、价格昂贵等。桑弘羊担任治粟都尉并代理大农令后，对盐铁问题进行了大刀阔斧的改革。他设置大农部丞数十人，分区主管各郡国的盐铁、均输，代表朝廷执行相关经济举措，同时对原来的盐铁官进行审查，将那些混在其中进行破坏活动的商贾彻底清除。此外，在全国的二十八郡分别设置盐官，在全国的四十郡设置铁官。此后，盐铁官营工作便顺利地开展起来了。

公元前100年，汉武帝正式下诏，提升桑弘羊为大司农，当时他已五十多岁了。

几年后，桑弘羊将酒类专卖的举措推广到全国。酒是用粮食酿造的，在当时粮食稀缺的情况下，为保证军民用粮，禁止用粮食酿酒的举措非常有必要。文帝统治期间曾下令禁止酿酒，同时规定，三人以上无故聚众喝酒，就要罚四两黄金。桑弘羊沿用了这一政令，一方面是想节约粮食，保证军队供给，另一方面是想垄断卖酒利润以充实国库。

为了让皇帝掌握全国的经济大权从而解决朝廷的财政问题，桑弘羊在汉武帝的支持下，制定推行了一系列经济政策，如盐铁官营、酒类专卖、统一铸币等。桑弘羊也由此成为汉武帝建立盖世功业的主要助手之一，其功堪比卫青、霍去病。

◀（西汉）万石仓印

长15厘米，宽12厘米，木制品，为西汉时管理粮食的仓印，印面平整，刻有"万石"二字。

汉武帝是我国历史上具有雄才伟略的一位皇帝。他是一个英明睿智的君王,却也是一个迷信神仙方士的普通人。武帝晚年病魔缠身,体质衰弱,一心寻求长生不老药。奸臣江充便借此欺骗武帝,以鬼神之说败坏朝纲,最后导演了一场遗臭万年的悲剧——巫蛊之祸。

公元前202年~公元25年
/////////西汉王朝/////////

# 巫蛊之祸

## 后宫相争,巫蛊之术盛行

汉武帝在位期间,社会上非常流行一种叫巫蛊的巫术。所谓巫蛊,就是巫师将用桐木做的人偶埋在地下,诅咒自己所恨之人。做这种事情的人认为,此术可使被诅咒者遇上灾难。

武帝在位时后宫嫔妃很多。这么多嫔妃只服侍一个喜新厌旧的皇帝,难免会争宠暗斗。当时宫中的迷信气氛十分浓厚,那些想得宠的嫔妃经常暗地里制作受宠嫔妃的木偶、雕像并埋在地下,反复诅咒。

汉武帝元光年间,皇后陈阿娇因受到了武帝的冷淡而以巫蛊之术诅咒当时武帝宠幸的卫子夫。武帝得知此事后,诛杀了参与此事的三百多人,主谋陈皇后则被打入冷宫,最后抑郁而亡。

自此以后,武帝下令禁止使用

▶(西汉)错金博山炉

博山炉是中国汉魏时期常见的焚香用器,炉体呈豆形,上有盖,盖高而尖,镂空,呈山形,山形重叠,其间雕有飞禽走兽,象征传说中的海上仙山——博山。

巫蛊之术。但是,巫蛊之术流传较广,并未完全消灭。武帝晚年受疾病困扰,终日神情恍惚。于是,他开始怀疑自己的病乃是因为他人对自己使用了巫蛊之术。

## 奸臣挑弄,祸害无辜

丞相公孙贺的儿子公孙敬声在朝廷任太仆之职。公孙敬声倚仗自己是皇后的外甥,在朝中横行霸道。后来,公孙敬声私自挪用军费,被打入大牢。公孙贺千方百计营救儿子出狱。

当时,恰逢阳陵侠客朱安世犯案。于是公孙贺上书武帝,希望通过抓捕朱安世来为子赎罪,武帝同意了。公孙贺果真抓住了朱安世,朱安世知道公孙贺抓捕自己是为子赎罪,便说:"丞相想害我,恐怕自己要先被灭族了!"随后,朱安世上书揭发公孙敬声与武帝之女阳石公主私通之事,而且说公孙敬声让巫师诅咒武帝。武帝看后怒不可遏,马上派人逮捕公孙贺,最后公孙贺父子一起死在狱里,而且还被灭族。同时,此事其他的牵连者,如阳石公主、诸邑公主和卫青之子卫伉也被诛杀。

审理完公孙贺之案后,武帝病情加重,长期居住在长安远郊的甘泉宫中,将朝政交与太子刘据处理。江充过去陷害过太子,看到

〉〉〉乌孙联合匈奴发动对月氏的袭击，把月氏人赶到千里之外的大夏国定居。

◎看世界／克拉苏切断起义军后路　　　◎时间／前72年　　　◎关键词／构筑深沟防线

◀（汉）《仙人六博》画像砖

"六博"（两人相博，每人六枚棋子，故称六博）是一种汉代非常流行的游戏。图中，一人俯首凝视，一人双手高举，作惊愕状，生动地展现了六博时的情景。

武帝年老体衰，担心太子即位后报复自己。在丞相刘屈氂的唆使下，江充决定先下手为强，以"巫蛊"之罪陷害太子，消除自己的后顾之忧。

一次，江充对武帝说："现在陛下病魔缠身，肯定是有人将小木人埋于地下诅咒您。您要想恢复健康，就必须找到小木人，诛杀策划者。"武帝马上派江充负责处理此事。江充带人在各地逮捕所谓的嫌疑人，然后严刑拷打逼供。被拷打的人无法忍受，不得不承认强加给自己的罪名，并供出江充等人所指的同党。江充通过这种手段，将许多人按"大逆不道"罪处斩。这场大屠杀从长安波及各地，为此死于非命的人有数万人。全国都陷入了恐慌之中。

江充见时机已到，便拿出了撒手锏。他指使巫师上书武帝，说宫中充满了巫蛊之气。武帝极为吃惊，立即让江充、苏文、韩说、章赣四人一起入宫巡查。江充让人从失宠嫔妃的住所开挖，随后逐渐延伸到皇后和太子的居所，皇宫一片狼藉。最后，江充扬言在太子宫中挖出了许多桐木人，还挖出了写有叛逆之言的帛书。太子听闻后非常恐惧，准备向武帝说清缘由。但在江充的阻挠下，他根本无法面见武帝。于是太子按照老师石德之计，让人扮作武帝的使臣，斩杀了江充等人。

江充死后，太子拿着符节连夜赶往未央宫，将具体情况告诉了皇后卫子夫。同时，他召集宫中卫士和车马，打开长乐宫的兵器库，号令宫中武士捕杀江充亲信。刹那间，京师陷于混乱之中。

武帝听说太子造反，大怒。他急忙赶往长安城西的建章宫，亲自指挥士兵反击太子，并派人收回卫皇后玺，迫使皇后卫子夫饮恨自尽。随后，双方在长安城内连战了五天，死伤数万人，太子刘据最后兵败自刎。

后来，汉武帝清醒过来，派人重新调查此事。一年后，真相查明：卫皇后和太子宫中根本就没有桐木人，这一切都是江充所为。武帝也明白了太子是受江充等人逼迫才铤而走险发兵反叛的，太子根本没有谋反之意。武帝十分心痛，不久下令建了一座思子台，以表示自己思念太子之意。

作为武帝末年发生的重大惨案，巫蛊之祸与武帝迷信鬼神、宠幸佞臣密切相关。而江充作为此案的罪魁祸首，其死罪有应得。如果不是他诬陷太子，就不会发生父子相残的惨剧。

| ◎看世界／阿普利亚战役 | ◎时间／前71年 | ◎关键词／斯巴达克阵亡 |

霍光与霍去病是同父异母的兄弟，他辅佐武帝达三十年之久，是武帝当政后期的重臣。武帝去世后，他受诏辅佐汉昭帝，独揽朝政大权，为安定和中兴汉室江山做出了巨大贡献。霍光为人稳重，勇猛果断，唯才是举，毕生忠于朝廷，是一位谋略出众的政治家。

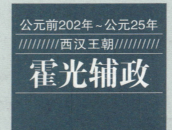

公元前202年~公元25年
//////////西汉王朝//////////
## 霍光辅政

下担任郎官，不久将其晋升为诸曹侍中。霍去病去世后，霍光被提拔为奉车都尉，与光禄大夫享同等待遇。霍光处事稳重，因此深受武帝信任。

公元前91年，武帝重病缠身，便立刘弗陵为太子并计划令霍光辅佐。后来武帝在病床前留下遗诏：自己驾崩后，由霍光、金日磾、上官桀和桑弘羊共辅少主，其中霍光担任大司马大将军，位列三公之上。与此同时，武帝让人画了一张《周公背成王朝诸侯图》交与霍光，其意就是让霍光全力辅佐太子刘弗陵。为了避免太子之母钩弋夫人学吕后把持朝政，武帝找了个借口处死了钩弋夫人。

后来，武帝驾崩，太子刘弗陵登基为帝，史称汉昭帝。昭帝年幼，无法亲政，朝政大事全部由担任大司马大将军的霍光处理。霍光身为顾命大臣，自知责任重大，因此做事时严谨慎重，全力辅佐昭帝。

## 武帝宠幸，临终托孤

霍光，字子孟，河东平阳人。他和霍去病同父异母，霍去病把他带到京师，并让他在自己手

▲汉昭帝像
汉昭帝八岁即位，在霍光的辅佐下，沿袭武帝末年的富民政策，对内轻徭薄赋，对外与匈奴和亲。可惜的是，他还没来得及施展才能，便于公元前74年病逝于长安，年仅二十一岁。

## 挫败政敌，稳固地位

霍光辅政后，左将军上官桀想将自己的孙女许配给汉昭帝做皇后，但被霍光拒绝了。不过，此后上官桀在汉昭帝之姐盖长公主的帮助下，还是让孙女当上了皇后。不久，上官桀与其子上官安欲封盖长公主的亲信为侯，霍光没有同意。就这样，上官桀父子和盖长公主对霍光非常痛恨。此后他们串通燕王刘旦，准备诬陷霍光。

汉昭帝十四岁时，有一天，霍光在巡查完羽林军后，将一名校尉调到自己的大将军府里。上官桀等人以此事为借口，伪造了燕王的奏章，然后派人冒充燕王的使者，把奏章上交汉昭帝。

奏章的大意是：霍光在巡查羽林军时，乘坐

◀（西汉）龙纹鍪

鍪为青铜炊器，流行于汉代。此鍪侈口，高颈，鼓腹，圜底，颈腹间一侧设环行鋬，一侧置中空方形柄，柄上有半环形小鋬，颈部装饰一周三角几何纹，腹部装饰一周龙纹。

的车马与陛下相同，此外他私自调用校尉，其中必有阴谋，我希望离开封地，赶回长安护卫陛下，以免恶人反叛。

次日，霍光上朝时，听说燕王刘旦上奏皇帝，说自己有不轨之心，吓得他不敢入朝堂。汉昭帝让人召霍光进宫。霍光进去后，马上脱帽伏地，向皇帝请罪。汉昭帝说："大将军整理好衣冠吧，我明白这是有人诬陷你。"霍光磕头道："陛下是如何知晓的？"汉昭帝说："这很容易看出来。你巡查羽林军时，人在长安，而调用校尉也是最近几天的事情。燕王在北方驻扎，如何得知此事？即使他知道，立即上奏章送到朝廷，奏章也无法在几日之内到达长安。何况大将军若要反叛，也没有必要调一个小小的校尉。所以说此事乃是有人诬陷大将军，燕王的奏章肯定是伪造的。"

霍光与群臣听后，非常佩服这个年仅十四岁的聪慧皇帝。此信确是上官桀父子、盖长公主等合谋伪造的。他们认为昭帝年龄小、容易骗，不料却被昭帝一眼看穿。他们担心东窗事发，于是就劝昭帝道："此乃小事一件，陛下没有必要深究。"昭帝表示不再追究此事。不过，自此汉昭帝便开始怀疑上官桀等人。

上官桀等人并未就此罢手，他们经过商讨，决定由盖长公主出面邀请霍光赴宴，随后埋伏刀斧手，准备在霍光赴宴时将其杀害，接着让人通知燕王刘旦，叫他赶往长安。上官桀准备先杀霍光，然后再将昭帝废黜，自立为帝。

不料，此计谋败露，结果上官桀父子全族被诛杀，燕王和盖长公主则自尽了。此事过后，霍光独揽朝政大权。

昭帝在位期间，霍光延续了武帝末年推行的休养生息的政策，国家安定，百姓富足。同时，汉朝与匈奴的关系也得到了恢复。当时所推行的种种举措使武帝末年混乱的局面得到了初步控制，同时也使社会经济得到了恢复和发展。

## 辅佐宣帝，病重而终

公元前74年，昭帝驾崩。昭帝无子，霍光只得从刘氏皇族中寻找皇位继承人。

这时，群臣都推荐昭帝的兄长广陵王刘胥，希望让其继承皇位。但霍光认为刘胥以前就是因

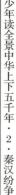

◎看世界／庞培、克拉苏出任执政官　　　　◎时间／前70年　　　　◎关键词／恢复保民官

为无才无德才不讨武帝喜欢，现在自己担当顾命大臣，绝不能选立一个无才无德的皇帝。于是霍光冒着开罪群臣的风险，在与皇太后商议后，决定让汉武帝之孙昌邑王刘贺继承皇位。

然而，当刘贺来京后，霍光却发现刘贺竟然是一个骄奢淫逸的纨绔子弟。霍光感到非常生气，认为自己立错了皇帝，愧对武帝，于是便暗地里和大臣田延年商议挽救之策。

田延年说："你是顾命大臣，现在已经知道刘贺无法胜任皇帝之职，那就应该立即上报太后，废黜刘贺，随后再选立贤德之人即位。我建议你学习商朝的伊尹，伊尹最初立太甲为王，后来发现他十分暴虐，于是就将其软禁三年，由自己管理政事，待太甲改过自新后，才还政于太甲。为了大汉江山，你应该以伊尹为榜样。"

霍光听后有些犹豫，他担心此举不合礼法，因此又找其他大臣商议此事。经过讨论，群臣一致认为应该废黜刘贺。随后，霍光带领朝臣前去面见太后，并告诉了太后想要废黜刘贺的原因。就这样，刚坐了二十七天龙椅的刘贺被废了。

国不可一日无君，因此朝廷急需选立新的皇位继承人，霍光为此深感为难。这时，光禄大夫邴吉建议霍光选立曾流落民间的汉武帝曾孙刘病已继承皇位。邴吉告诉霍光，刘病已德才兼备，堪当大任。

霍光和群臣商议后将此事上报太后，接着便将刘病已迎接回宫，让其继承皇位。刘病已就是日后中兴汉室的明君汉宣帝。汉宣帝登基后，霍光仍然辅佐皇帝治理国事。

公元前68年，霍光病故。

作为一位杰出的政治家，霍光主政多年，对朝廷忠心耿耿，全力处理内外政事，为巩固大汉江山立下了汗马功劳。可以说，如果没有霍光，刘氏政权在武帝死后很可能不保。

▼（西汉）鎏金熊形青铜镇

此镇呈熊形，昂首张口，长嘴直伸，双目前视，短耳竖起，前肢自然上举，后肢弯曲。魏晋以前，人们在室内都是席地而坐，为了避免起身时折卷席角，遂于其四隅压镇。

〉〉〉落下闳首次提出浑天说，从此中国开始了长达千年之久的关于宇宙结构的"浑盖之争"。

◎看世界／恺撒入侵不列颠 　　◎时间／前54年 　　◎关键词／胜利

公元前33年，匈奴呼韩邪单于派人入汉称臣，同时请求与汉朝和亲，以使汉朝和匈奴之间永远休战。鉴于此，汉元帝准备从后宫嫔妃中选一人嫁给匈奴单于。听闻此事，王昭君自愿前往塞外和亲。一段千古传颂的"昭君出塞"的佳话便诞生了。

**公元前202年～公元25年**
//////// 西汉王朝 ////////
## 昭君出塞

### 入选后宫，无缘面君

王昭君，名嫱，南郡秭归人，父亲王穰是一介平民。昭君出生时，王穰已经年老，因此他十分疼爱昭君。

昭君长大后十分美貌，人见人夸。而且她极其聪慧，琴棋书画无所不通，可谓才貌双全。昭君的名声很快便传到了长安。

后来，汉元帝派人到全国各地挑选美女。昭君理所当然地被选中。元帝令她选择良辰吉日进宫。王穰婉辞道："小女年幼，实在不便前往。"但皇命不可违，不管王穰怎么找借口，还是无法留住昭君。不得已，昭君只好离家前往长安，等待皇帝的召见。

当时，后宫各色佳丽数不胜数。元帝根本没有时间去召见每一个宫女。为了缩短时间，直接找到心仪之人，元帝就让宫廷画师毛延寿给所有宫女画像，然后从画像中挑选自己喜欢

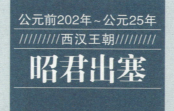

▶（西汉）"单于和亲"瓦当
出土于内蒙古包头，直径15.5厘米。出现"单于和亲"文字的瓦当表明汉匈和亲在当时是一件盛事。

的。如此一来，画师毛延寿的地位便非常重要了。许多宫女为了得到元帝召见，重金贿赂毛延寿。她们希望毛延寿把自己画成倾国倾城的美女，从而让元帝垂青于自己。

昭君不屑于贿赂毛延寿。毛延寿对此心怀不满，便故意没有画出昭君的绝色容貌，因此元帝也没有选中昭君。昭君从此便被关在后宫，过了很长时间也没有得到元帝的召见。

### 自愿和亲，远赴匈奴

汉宣帝在位期间，匈奴贵族因为争夺权力而内乱不断，致使匈奴的实力日益下降。后来，匈奴形成了五个单于并存的局面。其中，呼韩邪单于败于兄长郅支单于。于是，呼韩邪单于为了依靠汉朝的力量，决定和汉朝修好，亲自到长安觐见汉宣帝。

呼韩邪单于是首位入汉觐见汉朝皇帝的匈奴单于。汉宣帝亲自到长安郊外迎接他，并举办盛大的宴会为他接风洗尘。

呼韩邪单于在长安住了一个多月。他请求宣帝助其一臂之力，让他重返匈奴。宣帝同意了，随后派遣汉将率一万骑兵将他护送到漠南。呼韩邪单于的军队缺乏粮草，汉朝又送给他们许多粮草。此后，汉朝又出兵杀了郅支单于，帮助呼韩邪单于统一了匈奴各部。

公元前33年，为了表示愿和汉朝永世修好，呼韩邪单于再次到达长安，请

>>>荀彘、杨仆奉汉武帝之命从水陆两路征伐朝鲜，攻入其首府王俭城，灭掉了卫氏朝鲜。

▲《明妃出塞图》
此图为明代画家仇英所绘，画面长41.4厘米，宽33.8厘米，生动地描绘了昭君出塞的情景。

求与汉朝和亲，希望元帝能将公主许配给他。元帝同意了单于的请求，不过他不愿将当朝公主远嫁到匈奴，于是决定从后宫中挑选一个宫女。元帝让人对后宫宫女传话道："谁愿前往匈奴，就将其封为公主。"

宫女们基本上都是从民间挑来的美女，进宫后便没了自由。虽然她们经常想借机离开皇宫，然而听闻是要远嫁匈奴，谁也不愿意。王昭君得知此事后，想到自己终年深居后宫，可能到死都见不到皇帝，于是毛遂自荐，甘愿远嫁匈奴。元帝听说后极其开心，决定在长安为呼韩邪单于和王昭君举办结婚典礼。

呼韩邪单于和王昭君进宫拜谢元帝时，元帝见昭君乃是一个绝色美女，后宫嫔妃无人可比，便欲将昭君留下。然而，皇帝金口玉言，诏令已下，实在无法反悔，他只好让王昭君远嫁匈奴。事后，元帝派人拿来昭君的画像，发现画像与本人相差甚远，于是怒斩了毛延寿。

在汉朝和匈奴官员的护送下，昭君出长安奔赴匈奴。传说，昭君出塞时，由于心情抑郁，过分思乡，因此边走边弹琵琶。乐曲哀婉凄艳，正在南飞的大雁听到此曲后，全都飞落于昭君四周。因此，后世称赞王昭君有"落雁"之美。

## 顾全大局，青冢留名

昭君嫁给匈奴单于后，其兄弟便被朝廷册封为侯，并多次奉命出使匈奴，与昭君会面。至于呼韩邪单于，他将昭君看作是汉朝皇帝送与自己的礼物，对昭君十分宠幸。

日久天长，昭君逐渐适应了匈奴人的生活方式，并与匈奴人相处得十分融洽。昭君经常劝呼韩邪单于不要打仗、重视生产，同时还将中华文化介绍到匈奴。此后，匈奴和汉朝之间连续六十多年没有发生过战事。

呼韩邪单于死后，按照匈奴人的风俗，其长子应该迎娶后母。此举与中原伦理道德相悖。不过，昭君以大局为重，答应了此事。

在匈奴生活期间，昭君生了一子二女。

昭君弥留之际，让子女把自己的墓地设计成坐北朝南方位，以便眺望故土。昭君去世后，其子女将其墓地建在归化郊外。那里芳草青青，翠绿无比，因此后人称昭君墓为"青冢"。

昭君出塞和亲，她被后人奉为和平使者，功在当代，泽被后世。

〉〉〉桑弘羊支持实施"酒榷法"，该法规定由官府向私营酿酒作坊提供原料和酒曲，产品由国家统一收购。

公元前202年～公元25年
/////////西汉王朝/////////
# 王莽篡汉

西汉中期以后，几乎所有皇帝都由外戚辅政。汉元帝的皇后王政君一生辅佐了四任皇帝，主政时间长达六十余年。在此期间，王政君的侄子王莽依靠姑母的地位，再加上故作谦虚俭朴，收揽了人心。随着声望的攀升，他开始精心扩充自己的势力，终于在公元8年废汉称帝，建立了新朝。至此，西汉王朝退出了历史舞台。

## 攀附门庭，入朝为官

王莽，字巨君，魏郡元城人，元帝皇后王政君之侄。元帝当政时，王政君之父及其兄弟皆被封侯，唯独王莽之父过早离世而未能封侯。正因如此，王莽的堂兄弟们大都游手好闲、不学无术，而王莽由于父亲早亡，无人庇护，所以十分懂事。

王莽十分好学，知识渊博。对待亲属和师友，他谨守礼仪。他对母亲和寡嫂非常孝敬，而且亲自管教已故兄长之子。在生活上，他与一般儒生并无二样。

不过，王莽对那些位高权重的伯父叔父却是百般逢迎，尤其是对主管朝政大权的大伯父王凤，更是极尽孝道。王凤生病时，王莽昼夜陪护，数月衣不解带。王凤极为感动，在弥留之际向朝廷极力举荐王莽。不久，王莽便被提升为黄门郎，随后又被任命为射声校尉，这时的王莽只有二十多岁。

公元前16年，王莽的叔父王商上书朝廷，希望把自己的封邑分给王莽。同时，众多知名人士也上书朝廷，对王莽的才华和品德大加称赞。成帝看到所有人都赞扬王莽，于是将王莽册封为新都侯，不久又将其提拔为骑都尉、光禄大夫、侍中。骑都尉可以领兵，光禄大夫可以参朝，侍中可以长伴皇帝身旁。这时的王莽身兼三职，可谓位高权重。

## 处心积虑，控制朝政

王莽身居高位，却不以自己为尊，其言行谦恭，礼贤下士。他将家中财物全部拿出来分给门客和平民，同时还供养众多著名士人，广交朝中握有实权的文武百官。因此，群臣总在成帝面前赞颂王莽。王莽之名传遍朝野上下，其叔父都无法与其相比。

这时王莽遇上一个劲敌，即王太后的外甥淳于长。当时，汉成帝正欲废黜许皇后，册封赵飞燕为后。为了得到成帝的垂青，淳于长反复劝说王太后答应册封赵飞燕为后，最终王太后同意了。成帝非常感激淳于长，不久便册封他为关内侯，随后又晋升他为定陵侯。

淳于长居于高位，恃宠妄为，竟然与许皇后的姐姐勾搭成奸，后来还娶其为妾。为了逢迎许皇后，他多次向成帝进言，最后成帝又把许皇后升为了婕妤。不料，淳于长

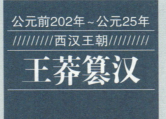

◀（西汉）五牛铜枕
高36.4厘米，长70厘米，宽13厘米。此铜枕为马鞍形，左右两端上翘。铜枕两端各有一头站立的牛，铜枕腹部有三头牛浮雕，牛造型雄健，肌肉饱满，犄角挺立，极富美感。

◎看世界／恺撒创造儒略历　　　◎时间／前46年　　　◎关键词／公历

**▲王莽篡位**
公元8年，王莽称帝，改国号为新，改长安为常安。

看到许皇后美丽动人，竟然斗胆戏弄许皇后。后来此事被王莽上报成帝，于是淳于长被罢官返回封地。后来，成帝又将他斩杀于牢里。淳于长死后，王莽便成为朝中最有权势的人。

汉成帝统治末期，主管朝政事务的王根病重时，极力推荐王莽接替其大司马之位。公元前8年，王莽被提拔为大司马，开始掌管朝政大权。

公元前7年，成帝驾崩，其侄刘欣继位，是为哀帝。哀帝登基后，希望自己主政，其母族也想控制朝政大权。王莽无奈辞职归家。但回家后王莽并未一蹶不振，反而更加谦恭地对待名士。

一次，王莽之母患病，许多朝臣派夫人前来探病，王莽的夫人出去迎接。当时，王夫人身穿旧衣，众夫人以为她只是王莽家的奴婢，后来才得知是王莽之妻，大为吃惊。不久，王莽之子王获杀死了一个奴仆，王莽竟然逼王获自尽谢罪。此事

过后，王莽的声誉愈加响亮。

后来，哀帝去世，太皇太后王政君令王莽入宫处理后事。接着，王莽将时年九岁的平帝扶上帝位，同时派亲信上奏太皇太后王政君，让其不必操心国事，以养护身体为重。王政君以为王莽确实为自己着想，便将朝政事务全都交由王莽处理。自此以后，站在王莽一边的官员都被升官，反对王莽的官员则被残杀。

此后，王莽设法让自己的女儿做了平帝的皇后。平帝开始懂事后，对王莽的所作所为不满。于是，王莽阴谋毒杀了平帝。

随后，王莽迎立了只有两岁的刘婴为帝。此时，王莽已经产生了篡权夺位之念。

## 篡汉建新，危机四伏

公元8年，王莽登基称帝，国号为新，定都长安。至此，刘邦建立的西汉王朝，在经历了两百一十年后宣告结束。

王莽称帝后，以复古改制为口号开始变法。首先，将全国的土地称为"王田"，禁止买卖；其次，将奴婢划为"私属"，也不准买卖；再次，重新制定物价，改革币制。然而，这些措施在地主的阻挠下，最后都成为一纸空文。王莽不仅没有消除社会的弊病，反而让国家陷于动荡不安之中。

此后，王莽欲发动对外战争来缓解国内矛盾，结果引起匈奴、西域和西南各部族的强烈反击。接着，王莽大肆征发徭役，加重税收，任由酷吏残害百姓。于是，不堪忍受的百姓纷纷揭竿而起。

这时，王莽之孙王宗欲篡权夺位，他私刻皇帝印章，被王莽发现后因恐惧而自尽。此后，王莽对自己的子孙也不再信任。

此时，全国各地起义烽火连绵不绝。在农民起义军的沉重打击下，王莽的新朝日益衰败。

# 少年读全景中华上下五千年 2

———— 秦汉纷争 ————

东汉王朝///汉室中兴

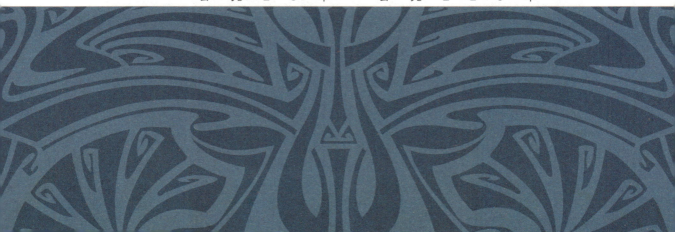

公 元 2 5 年 ~ 公 元 2 2 0 年

◎看世界／安敦尼与埃及女王结婚　　◎时间／前37年　　◎关键词／克利奥帕特拉

王莽的暴政让寄希望于新政的百姓苦不堪言，而接连发生的各种天灾更是给了百姓沉重打击。百姓在天灾人祸的双重打击下，终于揭竿而起，反对王莽政权。起义军不断发展壮大，没多久其势力就覆盖了全国。起义军中，声势最大的是绿林、赤眉两支。

公元25年～公元220年
////////////东汉王朝////////////

## 赤眉绿林起义

### 社会动荡，绿林起义

王莽在位时，众多农民在激烈的土地兼并斗争中失去了自己的土地，成了徘徊于各地的流民，有一些成了强权地主的佃农，还有的成了奴婢。而王莽实行的托古改制，引发了更大的暴乱，原因是这样的制度引起了贵族、地主和官僚的激烈反对。王莽又颁布了繁杂苛细的刑法和禁令，还连年征战边境的少数民族。当时正赶上天灾不断，没有出路的农民只好揭竿而起，纷纷加入起义大军。

公元17年，荆州出现饥荒，人们只能靠沼泽地里的野荸荠果腹。可野荸荠根本不够人们食用，争夺也就出现了。这时出现了两个调解纠纷的人——王匡和王凤。他们是新市的名人，得到了大家的拥戴。他们二人将附近的几百个饥民组织起来，再加上一些投奔来的逃犯，建立了起义军队。

起义军被称为绿林军，他们把占领的绿林山当成根据地，开始向周围的乡村发起进攻。几个月的时间，起义军人数便已经达到了七八千。随后，绿林军击溃了前来围剿的王莽的两万大军。接着，他们趁机占领了好几座县城，并放出了监狱里关押的犯人，还打开官仓分粮食给穷人。霎时间，绿林军威震八方，投靠绿林军的贫苦之人越来越多，绿林军人数骤增到五万人。

公元21年，绿林军再一次打败了王莽的军队。之后，由于绿林山出现了瘟疫，起义军只得兵

▼（西汉）彩绘卷云纹漆盂
盂是古代盛饭器皿。此盂外壁饰有卷云纹，云纹小而零散，却显得舒展简约。

# 25年

〉〉〉大学者班彪作《王命论》，强调百姓思汉，汉室必将中兴，体现了大一统的思想。

◎看世界／屋大维剥夺雷必达权利　　◎时间／前36年　　◎关键词／军权

分两路向外转移。其中的一路号称"下江兵"，将领是王常、成丹，他们向西进入了南郡；还有一路是"新市兵"，将领是王匡、王凤、马武，他们向北进入南阳郡。新市兵攻打随县时，又有了一支军队前来投奔，这就是平林人陈牧、廖湛的部队。

这时，刘玄也来投奔陈牧的部队。刘玄是汉室宗亲，因触犯法律逃亡在外。他投奔陈牧之初，地位很低。没多久，他的本族弟兄刘縯和刘秀也开始率众反对王莽政权。这支以"复高祖之业"为口号的军队有七八千人，其中包括了强权地主、刘家宗室等。他们在得到刘玄投奔了绿林军的消息后，也加入了绿林军。自此，在刘縯和刘秀的辅佐下，刘玄的势力开始逐渐强大起来。在绿林军中，地主阶级渐渐掌握了领导权。

公元23年，刘玄在青阳被绿林军立为皇帝，建立了年号为"更始"的汉朝，王匡、王凤被封为上公，刘縯为大司徒，刘秀为太常偏将军。此后，绿林军又称"汉军"，拥有了更强的号召力。

## 赤眉起义，攻击官军

公元18年，樊崇在莒县揭竿而起，只有百余人的起义军在占领泰山后，得到了周围民众的响应。很快，东海人徐宣、谢禄也带着部队加入进来，起义军人数骤增至几万人。

起义军以泰山为根据地，占领了山东境内的莒县、青州等地，势力发展到数万人。他们一路斩杀官兵，收缴地主钱财，并重罚强权地主，以至拥戴他们的贫穷百姓越来越多。

这支起义军由农民构成，没有标准的规章，

◀鎏金鸟尊

呈水鸟形，水鸟二目圆睁，喙短而尖，微微张开，是为流口。整件器物通体鎏金，造型逼真，工艺精湛，质地精良，是青铜器中的珍品。

没有口令、文书，也没有旗帜或是标志，将领和士兵和平共处。在他们中间，"三老"是最有权力的人，之后依次是"从事""卒史"。起义军内部为了表示平等，还互称"巨人"。这支起义军军纪严明，凡杀害民众的一律处斩，凡骚扰民众的一律受刑，因此得到越来越多的民众的拥护。

公元22年，新朝太师王匡和将军廉丹奉王莽之命携十万大军围剿樊崇起义军。樊崇让士兵把眉毛染成红色，作为区别于王莽军队的标记。因此，樊崇起义军就有了"赤眉军"这个别号。

这一战中，王莽军队大败，王匡战败逃走，廉丹战死。之后，绵延几千里的山东、江苏、安徽、河南等省广阔的边界地区就成了赤眉军的活动区域，众多分支队伍，如青犊、铜马也不断加入进来，起义军有了更大的势力，队伍扩大到数十万人。

少年读全景中华上下五千年·2·秦汉纷争

东汉王朝·汉室中兴

一〇三

◎看世界／安敦尼战胜亚美尼亚　　◎时间／前34年　　◎关键词／赠地 埃及女王

> 绿林军不断发展壮大，在刘玄做了更始皇帝之后，就变成了汉军。之后，刘縯、刘秀分别率军围攻宛县、昆阳。刘秀占领昆阳后，王莽的四十万大军围攻昆阳，而刘秀的军队不过万人。刘秀只好让昆阳的驻军盯住敌人的主力，然后让精悍的援军深入敌腹，终于成功地击溃了王莽军，为汉军围剿洛阳、长安，颠覆王莽政权打下了基础。在中国古代战争史上，昆阳之战是以少胜多、以弱胜强的著名战例之一。

**公元25年~公元220年**

//////// 东汉王朝 ////////

**昆阳大捷**

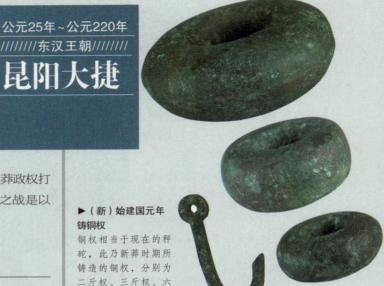

▶（新）始建国元年铸铜权

铜权相当于现在的秤砣，此乃新莽时期所铸造的铜权，分别为二斤权、三斤权、六斤权。

## 攻打昆阳，义军被围

刘玄登基后，就命王凤、王常、刘秀围剿昆阳。他们在攻下了昆阳后，又直取邻近的郾城和定陵。接着，他们又做好了攻打宛城的准备。

此时，王莽知道刘玄已称帝，整日寝食难安，又得知有几座城池接连被夺，更是心急如焚，于是就下令让王寻、王邑两位将军率领大军，自洛阳直取昆阳。

王莽还派来了一个垒尉巨毋霸。他是王莽千辛万苦才找到的一个巨人，有着极高的个子，牛一般强壮的身体，他会训练虎、豹、犀牛、大象等猛兽，所以王莽让他带着一群猛兽一齐上阵。

当时十几万绿林军正在围剿宛城，位于昆水北岸小而坚固的昆阳为他们提供了保障。倘若昆阳被攻陷，义军就会受到敌军的内外夹击。所以刘秀必须要坚守昆阳，直到宛城被攻下才行，否则就会功亏一篑。但是，当时敌我力量相差太大，昆阳的驻军只有八九千人，而王邑和王寻的军队加起来有四十多万人。

敌人的强大让昆阳的一些驻军将领有了二心，他们觉得应该弃城而去。可刘秀却坚持守住

昆阳，他说："昆阳虽小但坚固，可以护住我们。倘若我们分散开来，敌人一定会把我们各个击破，那时我们就更难保全了。而且，宛城还没到手，要是失去了昆阳，宛城的义军也一定会被歼灭。"各个将领听了刘秀的话，就以刘秀为主帅，制定了守住昆阳、寻找援军、伺机歼敌的战斗部署。刘秀命王凤、王常守城，自己则携十三骑前去召集定陵、郾城等地的援军。

昆阳虽然很小，却异常牢固。王邑仗着自己人多兵器好，命人在十几丈高的楼车上向城内雨点般地射箭。城内的人走到哪都要用门板遮箭。王莽军攻城不成，想挖地道进城，可是昆阳的守军防守太严，王莽军根本就没有机会。

## 奇计巧谋，大败官军

不久，已经到达郾城、定陵的刘秀、李铁、宗佻准备全力支援昆阳。可是，有人却提出要分散驻扎，因为他们害怕强大的王莽军，更不想失去自

己的妻儿、家财。刘秀耐心地讲解了制胜的方法和条件，他接着说："倘若敌人战败了，我们就能拥有非常多的财物；倘若我们只是简单驻守，我们必败无疑，到时候连性命也不保，更不用说妻儿、财产了。"大家听懂了其中的道理，忙召集了一万多兵将开赴昆阳。

刘秀先带领一千多名步兵、骑兵组成的先锋队回到昆阳，并在离王莽军四五里远的地方设阵。王寻、王邑就让几千士兵前去应战。趁着敌军还没来得及摆好阵，刘秀就率先锋军开始进攻，很快就有几十个敌人死在了他的剑下。

前来援助的人马到达的时候，见刘秀的先锋军杀得激烈，也有了信心，几路大军一齐杀到阵前，王寻、王邑见此情景只好撤退。汉军仍不停追击。

刘秀接着率敢死者三千人，冲向了王莽军。王寻见只有这么少的人，根本不在意。他亲率一万大军迎战刘秀，可是却败给了敢死队。没多久，王寻的队伍就自乱阵脚，而汉军则越打越勇，他们瞅准了王寻一顿乱砍，就这样要了王寻的命。

昆阳城内的驻军见王莽军败走，就一齐杀向了王莽军。此时的王莽军没有了将领，又被汉军内外夹攻，乱作一团。碰巧天上电闪雷鸣，暴雨倾盆，狂风肆虐，王莽军中的猛兽受到了惊吓，也乱作一团，怒吼着在军中乱窜，士兵们被它们撞得七零

八落，互相踩踏，死伤无数，而暴雨又使河水疯涨，淹死了不少士兵。

昆阳之战，刘秀立下了赫赫战功。随后绿林军分成两队攻击王莽。一队主攻洛阳，将领是王匡。更始帝把刘秀派到了黄河北岸，北上后的刘秀渐渐不受更始帝的限制。另一队向西入武关，将领是申屠建、李松。攻陷武关的析县人邓晔和绿林军联手直奔长安，关中震惊。长安城内百姓乘势发动暴乱，攻入皇宫，杀死了王莽。绿林军很快就攻陷了长安。

在中国古代战争史上，昆阳之战是以少胜多、以弱胜强的典型战例。此战，刘秀率领绿林军成功地击溃了王莽军，为日后颠覆王莽政权打下了基础。

▼（西汉）彩绘玳瑁形漆盒

长17厘米，高约12厘米，形如玳瑁，头部前伸，轻按鼻处则盖开启，闭合自如。整件器物设计精巧，造型精美，栩栩如生。

新朝后期，在绿林军起义反抗王莽政权之时，汉朝皇室宗亲刘秀也发动了起义。昆阳大战中，刘秀给了王莽军重重一击，王莽政权的覆灭已不可避免。后来，刘秀和云台二十八将一起出生入死，东征西战，攻陷河北，收服王郎，降伏铜马起义军。接着，他统一全国，以洛阳为都，重建了汉室王朝，史称汉光武帝，刘秀由此成为中兴汉朝的君主。

**公元25年～公元220年**
**／／／／／东汉王朝／／／／／**
# 刘秀复汉

## 扩充实力，自立为王

刘玄登基没多久，就把都城迁到了洛阳，第二年，又改迁长安。而赤眉军将领樊崇在刘玄迁都洛阳时，带着二十几个将领来到洛阳，以表示自己对刘玄政权的信任。但是此时，出身于士族地主阶级的刘玄，开始显露出了他的阶级本性——淫乱奢靡。即位后，他整日在后宫饮酒作乐，还使计诱骗起义军的首领申屠建、陈牧和成丹进宫，将他们杀害。从此，起义军内部开始出现了分歧和斗争。樊崇为了使部下和睦，只好远离洛阳。接着，刘玄又对绿林军和赤眉军的一些将领进行攻击，比如王匡、张印等，这使农民军和更始政权之间的分歧越来越大。

刘玄迁都长安后，又想迁回洛阳，就让刘秀去修葺皇宫。刘秀到了洛阳，亲自监督工程的实施。刘玄迁回洛阳后，为了让刘秀去攻讨

黄河北边的郡县，又给了已为破虏大将军的刘秀大司马的权力。

刘秀到了黄河北岸，为了获取民心，废弃了王莽的苛捐杂税，还释放了囚犯。不料，河北的强权地主王郎称帝，并重金悬赏抓捕刘秀。公元24年，刘秀逃亡了数月后，在信德太守任光、上谷太守耿况、渔阳太守彭宠的帮助下打败了王郎。后来，刘玄封刘秀为萧王，让他举兵回长安。刘秀的部将一听，赶紧对刘秀说："刘玄搬到长安后只知道吃喝玩乐，全国的起义大军从几万到几十万的都有，他根本就拿他们没有办法，所以他也做不了多久的皇帝。现在，您铲除了王郎，只要出面召集，天下人都会投靠您，所以您不应该把天下拱手让给他，更不能听他的。"刘秀摇摇手，示意他们停止讨论，随后对刘玄的使者说："目前虽已灭掉王郎，但河北尚未平定，所以我还不能回去。"就这样，刘秀没有回长安，而和绿林军各奔东西了。

〉〉〉卫宏撰《汉旧仪》四篇，主
要记述皇帝起居、官制等内容，
是研究汉史的重要资料。

当年秋天，刘秀趁赤眉军和刘玄激战
的时候，率部攻打铜马义军。起初，铜马
军多次挑衅，刘秀都坚守营地不作战。后
来，刘秀让部下切断了敌军的粮道，并在
敌军无粮撤兵之时追击他们，最终取胜。
而后，刘秀在蒲阳俘获了铜马军首领，收
编了铜马军全军。此战之后，刘秀的军队
又多了数十万人，士气大增。

## 众望所归，称帝复汉

▲汉光武帝祠
位于河南孟津，当地亦称其为"汉陵"，俗称"刘秀坟"。

公元25年，部下马武建议刘秀称帝。刘秀装
作很吃惊地问道："将军怎么会有这种念头呢？
不怕因为这大逆不道的话而被灭族吗？"马武
答道："这可不是我自己说的，各个将领都这么
说。"可是刘秀还是没有接受马武的建议，还将
众将领集合到一起，严肃地斥责了他们。

没多久，刘秀又找到冯异，向他打探各地
军况。冯异猜到刘秀想称帝了，就说："刘玄
一定会败的。现在，您身上系着整个国家社
稷的安危，您想复建汉朝就要称帝。"刘秀
答道："可是，我们还没有铲平各地的割据
势力，自己也四面受敌，我怎么称帝呀？"
部将耿纯一听，说道："我们这些将士告
别家人，远离故土，整天跟随您东征西
战，也不过就是希望建功立业，加官
封爵。现在，天下三分之二的土地都
归我们所有，又有精兵良将，正是您
称帝的时候啊。倘若您不这么做，那
将会影响将士们的战斗气势，也会使

军心不稳。"听完这些话，刘秀说道："我还要再
想想。"

此时，各地也有不少传言，说刘秀称帝是天
命难违。刘秀也就不再推脱了。

公元25年，刘秀称帝，年号建武，史称"光武
帝"。同年秋，刘秀和部下攻陷了洛阳，并以此为
都，此后的汉朝被称为东汉。

刘秀登基时，西边的更始政权和东边的赤眉
军还在活动。另外，河南南部、安徽北部被刘永
占领着，西北的甘肃、陕西等地区被隗嚣占领着，
巴蜀、汉中地区则被公孙述占领着，其他大大小
小的割据势力也在各地散布着。在接下来的十年
里，刘秀先后消灭了赤眉军，打败了刘永、隗嚣、
公孙述等所有的割据势力。公元36年，全国统一。
至此，刘秀复建汉室的目标总算完成了。

汉光武帝刘秀文才武略，为人宽宏大量，是历
史上有名的皇帝。他用兵有自己的谋略，精于以弱
胜强，以奇取胜。他是推翻王莽政权、结束割据局
面的关键人物，对历史发展做出了巨大的贡献。

◀（东汉）铜车马
青铜铸造，总长1.12米，通高0.88米，由驾马、轮轴、篷盖
等部分分铸而成。整件器物铸造精湛，堪称佳品。

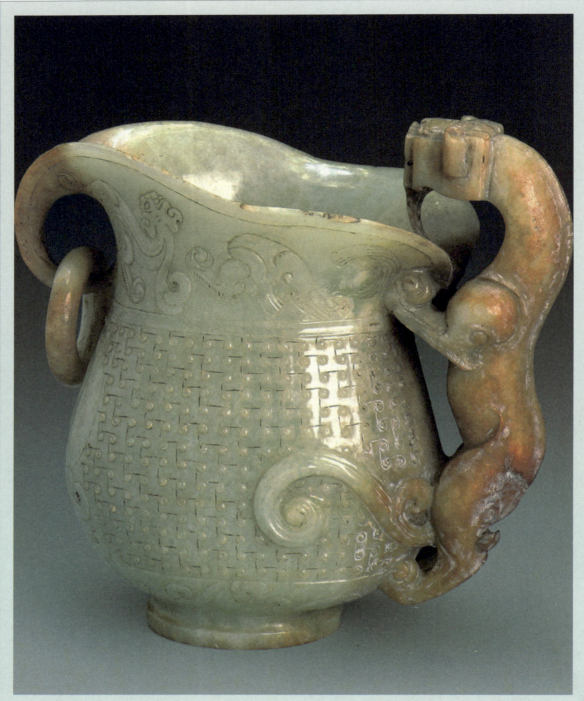

▲（汉）蟠螭活琥玉杯

〉〉〉南阳太守杜诗修复六门堤，并对其加以扩展，使受益面积达四万顷。

---

◎看世界／埃及并入罗马版图　　　　◎时间／前30年　　　　◎关键词／托勒密王朝结束

公元41年，刘秀废掉郭皇后，册封阴丽华为皇后。阴丽华从此全心全意地相夫教子、打理后宫，并且从不干涉朝政。更让人敬佩的是，她为了让光武帝能够全身心地处理朝政，不用为了外戚乱政而担忧，竭力束缚本家。阴皇后一生仁慈恭敬，谦虚谨慎，端庄大方，是后世公认的贤后。

## 公元25年~公元220年
### //////////东汉王朝//////////
# 一代贤后阴丽华

哥的刘秀悲痛不已，而此时也只有阴丽华陪着他，安抚他。

没多久，王莽被杀，刘玄迁都洛阳，并让刘秀平定河北的割据势力，但是却未给他军马。刘秀自然知道此事危险重重，就派人送阴丽华回到了故乡新野。

进驻河北后，刘秀发展势力的最大障碍就是王郎。王郎是一个懂得占卜的邯郸术士，在各地义

## 美貌佳人，君子好逑

阴丽华，南阳新野人，出生于名门望族。阴丽华美若天仙，倾国倾城，她的美貌在当地无人不知，无人不晓，很多士族大家都希望她能成为自家的儿媳。但阴丽华有选丈夫的标准，她最重视的是夫君的抱负和才华，因此很多士族大家的儿子来提亲都被她拒绝了。

那时，南阳的刘秀虽有刘邦九世孙的头衔，却因家中衰败而不再是贵族了。父亲的早逝，使得他和两个哥哥刘縯、刘仲只能暂居在叔父刘良家中。兄弟三人品德高尚，为人宽宏大量，又愿意帮助别人，因而在当地小有名声。

刘秀早就知道阴丽华的美貌，也在心里发誓一定要娶到她。但是，刘秀也深知自己家不论是在名望上还是在势力上都不及阴家，因此他没有草率地前去提亲。

没多久，各地纷纷起义，反抗王莽的暴政。刘秀和哥哥刘縯也举起了反抗的旗帜。几年以后，兄弟二人由于作战英勇，名望越来越高。这时，刘秀麾下的阴氏兄弟也觉得刘秀定是个有前途的人，就说服家里人让阴丽华嫁给了刘秀。

不久，刘玄找了个借口杀了刘縯。失去了哥

▲辟邪钮三足砚

高24厘米，砚面圆形，三足，砚盖表面打磨光滑，盖顶圆雕辟邪，昂首平视，体态雄健，颇具神韵。此砚雕刻技法娴熟，古朴生动，是雕刻艺术中的精品。

军激战之时，谎称自己是汉成帝的后人，自立为王，并四处悬赏通缉刘秀。为了铲除王郎，刘秀不得不求助于河北军阀刘扬。但刘扬却希望刘秀娶自己的外甥女郭圣通，这样才能帮他。没有办法，刘秀只好娶郭氏为妻，并最终借助刘扬的十万精兵击垮了王郎，平定了河北的割据势力。

郭圣通也是个貌似天仙的女子，而且知书识礼，长时间相处下来，刘秀就对她有了感情。刘秀登基那年，郭圣通诞下一子，而此时刘秀已经三年没有见阴丽华了。定都洛阳后，他就让人接阴丽华过来团聚。

## 谦让自抑，皇后楷模

刘秀即位的第二年，想让阴丽华做皇后，可阴丽华认为郭圣通已生有一子，自己还没有孩子，就让刘秀立她为后。刘秀感动于她宽厚仁慈的品德，就册立郭圣通为后，并册封郭圣通的儿子刘疆为太子，阴丽华则做了贵人。

这时，刘扬叛乱，但很快就被平定了。刘秀

想借此机会废掉郭皇后，立阴丽华为后，可还是被阴丽华谢绝了。她说道："当年在皇上最艰难的时候，郭皇后家族帮了您。现在，虽然她舅舅叛乱，可郭皇后并没有过错。"因此她绝不同意做皇后，于是刘秀只得让郭圣通继续做皇后。

统一全国后，刘秀封阴丽华的哥哥阴识为原鹿侯。阴识为人正直，在朝就说政事，出朝和客人交谈时从不议论国家大事。刘秀非常赏识他，还经常以他为榜样来教育皇亲国戚："你们都该好好学学国舅阴识。"

当时，阴丽华的另一个兄弟阴兴被升为侍中，还被封为关内侯。可他看着备好的印绶，却推脱道："臣自认为没有什么功绩，倘若受此

▶（汉）素纱禅衣
出土于长沙马王堆一号汉墓，由上衣和下裳两部分构成，交领、右衽、直裾，通袖长190厘米，面料为素纱，素纱丝缕极细。此衣仅重49克，可谓薄如蝉翼、轻若烟雾。

▲浮雕石砚台
由砚盖和砚身两部分组成。盖顶圆心有一宝珠钮，周遭饰覆莲纹。此砚台造型独特，纹饰考究，器形厚重，是难得的珍贵文物。

爵位，天下人都会觉得不公，臣不想看到这些。"后来，阴丽华问他为什么要那么说，阴兴道："盛极而衰，贵人知道这个道理吧？作为外戚，就要知谦退，这样才会避免祸患。"

公元33年，无名盗贼杀害了阴丽华的母亲和弟弟。刘秀觉得自己对不起阴家，就下诏再一次封赏了阴家，还命朝中官员前去吊唁，并在诏书里透露了当年只有几个人知道的阴丽华拒绝做皇后一事。

从那以后，郭皇后就开始处处刁难阴丽华。可阴丽华却以大局为重，事事忍耐。

公元41年，刘秀终于无法忍受郭皇后的所作所为，废掉了她，立阴丽华为后。刘秀在诏书里说郭圣通是和吕雉、霍成君一样的人，而且觉得

▲（东汉）铜俑灯

出土于云南个旧，高40.5厘米，俑呈跪坐状，裸体，尖脸，大眼，高颧骨，具有鲜明的西南少数民族特征。俑双手各平举一盏灯，头上亦顶一盏灯。

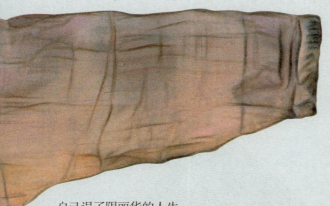

自己误了阴丽华的人生。

阴丽华后来努力安抚郭皇后和郭家，同时也劝太子刘疆不要将此事放在心上。就这样，郭家提早有了"皇太后家族"的礼遇和爵位。皇上下了多道圣旨，接连封赏了郭圣通的家人。

在中国历史上，也只有郭圣通是被废后没有被打入冷宫还始终受到尊敬的皇后，而郭家也成了唯一没有因为失去靠山而遭受惩罚反而始终享受高官厚禄的外戚家族。

郭圣通被废后，太子刘疆终日惶恐，主动让出了太子之位。刘秀去世后，阴丽华的儿子登基

成了汉明帝，阴丽华也成了皇太后。但她依旧怀着悲悯仁慈之心，还叮嘱自己的后人要好好对待郭氏家族。明帝刘庄和其子章帝刘炟都按要求做了。章帝北巡经过真定郭家时，还特地依照阴丽华所托和郭家人聚会，并把万斛粟米和五十万钱赏给了他们。

公元64年，阴丽华病逝，终年六十岁。

阴丽华一生谦虚贤惠，从不干涉朝政。她为了让刘秀不为外戚干政担忧而专心处理朝政，处处设法限制自己本家的势力。

古代皇帝中，很少有几个皇帝能拥有幸福的婚姻，而刘秀和阴丽华的美满婚姻却让人羡慕。这自然有刘秀宽宏大量、情感专一的原因，但最重要的还是因为阴丽华恪守本分、温柔谦恭的品德。

◎看世界／屋大维清洗元老院　　　　　◎时间／前28年　　　　　◎关键词／任首席元老

## 云台首将邓禹

公元25年～公元220年
//////////// 东汉王朝 ////////////

"云台二十八将"是帮助光武帝复建汉室的著名将领，明帝为了纪念他们，命人在南宫云台阁画了他们的画像，其中为首的是战功赫赫的邓禹。早年，邓禹是刘秀的平民朋友，刘秀起义后，他就前去投靠。邓禹帮助刘秀平定了河北，后来还在一些关键性问题上为刘秀出谋划策，为刘秀恢复汉室做出了重要贡献。

### 追随刘秀，出谋划策

邓禹，字仲华，南阳新野人。他自幼就很聪明，长大后去长安游学。当时，刘秀也在长安学习，两人成了好友。邓禹游学结束后返回了故乡。

刘秀被刘玄派到河北后，在鄴见到了赶来的邓禹。邓禹分析了天下的形势，认为刘玄自身犹豫不决，属下也多追名逐利，因此更始政权很难长久。他还觉得刘秀应该广招贤士，聚揽民心，复建汉室，解救百姓。邓禹因此得到了刘秀的器重。邓禹任人唯贤，因此刘秀在任用将领之前都会询问他的看法。

在清阳阻击铜马义军时，盖延兵败，铜马军围困了清阳。邓禹到达后，大败铜马军，还捕获了敌军的将领。刘秀军平定河北后，赤眉军正在攻打长安，刘秀觉得这是个收复关中的好时机，可那时河北刚刚平定，自己还不能离开，于是他就派邓禹担此重任。他命邓禹携两万良将西取关中，还让他随意挑选帮手。邓禹挑选了一些得力干将，包括军师韩歆，祭酒李文、李春、程虑，积弩将军冯愔，车骑将军宗歆，建威将军邓寻，赤眉将军耿欣等人，向西挺进。

公元25年，邓禹携西征军离开箕关，进入河东。河东都尉拒绝打开城门，邓禹仅用十天就攻占了河东，还得到很多物资。随后他又追攻安邑，但数月未能攻下。刘玄的大将军樊参携十余万人马前来援助安邑。邓禹命属下前去阻拦，最终敌军惨败，樊参被斩。此事震惊了更始王朝，刘玄急命权臣王匡、成丹、刘均率十余万人马兵分几路攻打邓禹。邓禹首次作战战败，他的属下认为应该趁夜撤退，可邓禹认为以后的战役才能决定胜负，因为首战让他了解了王匡军队的弱点，那就是人虽多但势力弱。

▶（汉）督邮铜印

督邮是汉代中央政府派出前往各县督察官吏和农业生产的官员。此印高1.5厘米，印面边长2.3厘米，刻有篆文"陇西中部督邮印"。

〉〉〉光武帝下令重新设置屯骑、长水、射声三校尉官，改青中左校尉为越骑校尉。

◎看世界／屋大维被尊"奥古斯都"　　◎时间／前27年　　◎关键词／元首制

◀（东汉）白玉夔龙宜子孙珮

邓禹的属下认为他应早入关中，占领长安，可稳重的邓禹却说道："军队规模虽逐渐壮大，但大多数人都没有什么作战本领，且我军的军粮、物资供应也吃紧，而赤眉军占领的关中却很富足。他们不可能放着这么好的地方不要，肯定会坚持和我们作战，倘若此时进军，我们必败无疑。但有一点要注意，赤眉军都是一些流寇，他们烧杀抢掠完后自会逃窜到别的地方。所以我们要先占领地大人稀、粮足畜多的北地三郡，一可养兵，二可查探关中的情况，等待时机，这才是上策。"随后，邓禹就携军北进枸邑。

光武帝见邓禹久不出兵攻打关中，就下旨敦促他。可邓禹一直坚持自己的想法，他命人占领了上郡的一些县，并让冯愔、宗歆两将军驻守枸邑，而他自己则带部下打下了北地。

这时，冯愔、宗歆开始夺权内斗。冯愔用计除掉宗歆后，怕自己受罚，就率部下反叛邓禹。于是邓禹派人去向刘秀讨教计策，刘秀就向使者询问谁是冯愔的挚友，使者回答是护军黄防。刘秀遂认定黄防和冯愔一定有矛盾，就让使者回复邓禹道："不用担心，总有一天黄防一定会亲手擒住冯愔。"果然，一个月后，冯愔真的被黄防所擒。

又过了两个月，赤眉军在长安内斗起来，其主力部队只好西进扶风。邓禹得知长安内虚，命令将士急速前往，不久就攻下了长安。那时有个势力很大的地方武装，首领是延岑。他喜欢单独行动，赤眉军和刘秀军都无法让其归顺。邓禹对他进行了攻击，可因为不了解周边的地势，在短

翌日，邓禹下令：即使有敌军来挑战，也不要轻举妄动。王匡见此情景，就草率地来到了邓禹的营帐前。这时，邓禹急令部下击鼓进攻。从营内杀出来的士兵大败敌军，并俘获了刘均，王匡只好逃走。汉军还获得了数不清的兵器、五百多枚将领的印绶。之后，河东很快就被平定了。

随后，刘秀登基，封当时年仅二十多岁的邓禹为大司徒，食邑万户。

## 运筹帷幄，功高盖世

接着，邓禹渡过黄河，又打败拥有十万人马的刘玄的中郎将公乘歙，铺平了前去关中的道路。那时，赶走了刘玄的赤眉军已经占领了长安，可他们的纪律和更始军一样差，民众不知道到底可以信赖谁。邓禹的军队纪律严谨，一路从不强取豪夺，邓禹还抚慰沿途投靠他们的众多民众。因此各地驻军纷纷投奔邓禹，大军越来越壮大。

▲（汉）彩绘城楼形明器

时间内没有打败延岑。

赤眉军失了长安，打算进驻陇右。可此时隗嚣占领着陇右，赤眉军进攻不成后，就又返回关中。正在攻打延岑的邓禹遭到了赤眉军的突袭，两面被敌军牵制，汉军缺少粮草，战士们每日靠野枣、野菜果腹。在这样艰难的情况下，早前归顺邓禹的一些人也都相继离开了。后来，刘秀委任冯异为帅，才顺利打败赤眉军。

天下统一后，光武帝奖赏有功之臣，邓禹也被封为高密侯，位列二十八位复国将领之首。

公元58年，五十七岁的邓禹去世。

邓禹虽是云台第一将领，但实际上功绩却比不过其他人。只是因为他是刘秀的挚友，又常常给刘秀出谋划策，因此才获此殊荣。当然，他在刘秀复建汉室之时也的确做出了重要贡献。

>>> 汉明帝刘庄病逝，终年四十八岁。其子刘炟即位，是为汉章帝。

岑彭，云台二十八将之一，他参与了复建汉室的所有战役：平定河北、占领关东、洛阳，一统关中，激战隗嚣，消灭巴蜀割据势力。他除了骁勇善战之外，还是一个守信、宽容待人的人。正因为具备这些品行，他才能建功立业，并成为云台二十八将中的佼佼者。

**公元25年~公元220年**
//////////东汉王朝//////////
# 征南大将军岑彭

## 韬略过人，劝降朱鲔

岑彭，字君然，南阳棘阳人。他自幼勤奋苦读，对各家兵书都十分感兴趣。他长大后，投靠王莽，成了棘阳县令。

新朝灭亡后，刘秀率军攻陷了棘阳县，岑彭只得携家人弃城逃到甄阜军中。但甄阜因他不能固守城池而斥责他，还关押了他的母亲和妻子，逼迫他在战场上戴罪立功。不久，甄阜阵亡，岑彭把母亲和妻子救了出来，并逃向宛城。

到了宛城，岑彭就立下和副将严说一起驻守的决心。其间，绿林军围剿宛城，可始终攻不下来。过了几个月，由于城内无粮，岑彭只得和严说降于绿林军。因岑彭下令死守宛城，害得绿林军吃尽了苦头，所以绿林将士们都恨不得杀了他。但刘縯赏识岑彭的才华，又被他的忠心感动，于是说服刘玄免了他的罪。刘玄本来想杀了岑彭，但在刘縯的劝说下，不但没有杀他，还封他为归德侯。

刘縯被害后，刘玄把岑彭置于朱鲔帐下，任命他为校尉。岑彭随朱鲔打下淮阳郡后，被升为颍川太守。此时，刘秀的族叔刘茂起兵占领了颍川，岑彭无法上任，只得携侍从投靠了河内太守韩歆。

此时，刘秀起兵到了河内。韩歆自知不敌，只

▼（汉）漆绘铜盆
口沿外折，圆底，有四个衔环，通体光亮，盆外表面绘有战争叙事画，盆里为龙、鱼和卷云图案，龙口中含珠。

◎看世界／提比略镇压起义　　　　　◎时间／6年　　　　　◎关键词／潘诺尼亚 达尔马提亚

◀（东汉）玉带扣

得舍城归降。岑彭对刘秀说："如今群雄割据，您统一了河北，为统一天下创造了条件，这是上天的旨意，百姓的福分。早前我被刘縯所救，还没有报答他，一直很愧疚。现在碰上了您，我愿以死相报。"刘秀听完这番话，就把岑彭留了下来。

公元25年夏，刘秀向西直取洛阳，久攻未果。汉军进退两难时，刘秀想到了岑彭，于是命他去劝朱鲔归降。岑彭见了朱鲔，说："我很感谢大将军早前推举我做官，一直觉得该好好报答您。现在长安城内战争不断，更始帝朝不保夕。刘秀成了民众的依靠，归顺者众多。如今，刘秀统帅兵马攻取洛阳，您就算守住了此城，可您的未来在哪里？援军在哪里？您现在应该遵照天命，献城并归降于明君，才能建功立业。"岑彭这番诚恳之言让朱鲔最终选择了献城归降，他命人绑住自己，和岑彭一同出城见了刘秀。刘秀亲自解开了捆绑在朱鲔身上的绳索，封他为平狄将军。

## 奉命平叛，功勋卓著

公元26年，岑彭率军向南攻打荆州，并顺利地占领了十余座城池。大军接着向南进兵，大败许邯。刘秀因其立下赫赫战功而封他为征南大将军。

岑彭继续向南进军，占领了黄邮，又激战秦丰率领的农民军。秦丰的军队人多且士气旺，而岑彭的军队人少势弱，所以南攻受到了阻碍。随后，岑彭攻陷了实力较弱的山都，抓住了许多俘虏，不久又特意把俘虏放走，好让他们向秦丰借兵，支援山都。在秦丰支援山都时，岑彭派人暗渡沔水，突袭阿头山，攻取了秦丰的营地黎丘。秦丰勃然大怒，立即带兵回援，连夜攻打岑彭军营。岑彭早有对策，设下伏兵，大破秦丰军。接着，秦丰得到了以田戎为首的几万农民军的支援。岑彭得知后，速命手下分两队分别围攻黎丘和抵抗田戎，经过几个月的战斗，终于战胜了田戎，接着挥军攻打秦丰。这一仗打了两三年，岑彭军队终于消灭了秦丰主力。

公元35年，岑彭与大司马吴汉、诛虏将军刘隆、辅威将军臧宫、骁骑将军刘歆等将领打算攻打巴蜀，于是他们就在荆州集了六万多南阳、武陵、南郡的士兵和桂阳、零陵、长沙的撑船将士。吴汉建议遣散撑船将士，理由是他们人数过多，会损耗太多粮食。岑彭却因蜀军强大，不同意将他们遣散。两人相持不下，因吴汉是主将，岑彭没法驳斥，于是干脆将此事奏明刘秀。刘秀得知后，下旨道："大司马习惯在陆上作战，因而不懂水战，这件事情由岑彭来主持，大司马不可干涉。"得到了刘秀的旨意，高兴的岑彭决定报答刘秀的赏识之情，誓死攻下巴蜀。进入巴蜀后，岑彭制定了严明的军纪，并命军中将士不可抢夺群众的东西。因此，他途经各地之时，受到了百姓的热烈欢迎。

岑彭攻到武阳之时，扎营于城外，当天夜里却被公孙述派来的刺客所杀。岑彭不幸去世后，他的部下都悲恸不已。刘秀也十分悲痛，下旨赐岑彭谥号为壮侯，并重赏了他的家人。

〉〉〉西域都护班超遣甘英使大秦，甘英至安息西界而返。

马援是东汉良将，平生战绩卓越。东汉建立之初，他助刘秀战胜了隗嚣，随后出兵西域，征服了羌人，后又南取武陵，铲除了蛮族，成为建立东汉的功臣之一。马援待人和善，对部下也十分宽容，因而得到部下的拥护。他一生为国鞠躬尽瘁，在白发苍苍之时，仍请求带兵出征，最后病死战场，为后人所赞叹。

## 公元25年~公元220年
//////////东汉王朝//////////
# 伏波将军马援

## 助攻隗嚣，平定羌族

马援，字文渊，扶风郡茂陵人。其先祖是赵国的良将赵奢，赵奢曾被赐封号"马服君"，于是他的后人都以马为姓。

马援十二岁丧父，他不想靠兄长生活，准备去边郡耕作放牧。可马援还没出发，其兄马况就离开了人世，马援在家乡为哥哥守了一年孝。这一年内，马援从未远离兄长的坟墓。一年后，马援只身去了北地郡。因驯养得力，没多久马援就成了有数千头牛羊的富户。但他的生活依旧很简朴，有人不理解。他说："这些积累的钱财，用来接济贫困之人才最有用，否则我不过是个守财奴罢了。"

不久，他投靠了陇西的割据势力隗嚣，后来和隗嚣一起归降了刘秀。公元32年，刘秀亲征陇西。途经漆县时，一些将士觉得无法判明前方状况，不应入敌深处，刘秀对此也犹豫不定。马援则认为，隗嚣的属下已经开始四分五裂，倘若借机攻击他们，一定会大获全胜。说着，他让人拿了些米过来，并在刘秀面前用米堆出了山峰沟谷。马援指着这些山谷，分析每一路军队进退的路线。刘秀大喜，决定出兵，并最终收复了

陇西。

公元35年，陇西多次遭到羌人侵袭。刘秀封马援为陇西太守，抗击羌族部落。马援一上任就整治军队，并率三千步骑兵在临洮战胜了羌人，杀死了几百人，缴获了一万多头牲畜。八千多名羌人望风而降。此战中，马援被飞箭射中。刘秀闻之，命亲信前去探望，并赏给他几千头牛羊，而马援把这些物品都分给了自己的属下。

公元37年，武都参狼羌（羌族分支之一）和塞外部落共同起兵反叛朝廷。马援携四千兵马赶去围剿，切断了羌人的水源，掌控了草地，迫使数十万羌人大军向塞外逃去。自此，陇西安定下来。

## 远征交趾，南征武陵

公元41年，东汉附属国交趾一个名叫徵侧的女人犯了法，被太守追捕，于是她就带领族人发起叛乱，民众纷纷投靠她。此后，她占领了六十多座城池，并在交趾自封为王。

刘秀封马援为伏波将军，命其率军讨伐徵

▼伏波庙

伏波庙位于广西横县，是东汉章帝建初三年（78）民间为纪念伏波将军马援而立的。现在的庙是清初在原有基础上改建而成的。

侧。公元42年春，马援的军队在浪泊大战中重挫敌军，杀敌数千人，将近一万敌军归降汉军。随后，马援趁势追击，在禁溪地区多次战胜徵侧，敌军四处逃散。

公元43年初，马援斩杀了徵侧。为此，刘秀下旨赐马援新息侯之号。之后，马援带领两万多士兵、两千多艘大小楼船去攻打徵侧的残部，汉朝的南方疆域也因此扩大了很多。马援在新的疆界线立了两根写有"铜柱绝，交趾灭"的铜柱。

公元44年秋，马援带领大军胜利回朝。一个多月后，匈奴、乌桓攻打扶风。马援上奏请求出兵，刘秀答应了他的要求，并命百位朝臣前去饯行，以示对他的重视。马援的军队扎营于襄国，乌桓军得知后马上撤回国内，而马援则班师回朝。

北方刚安定下来，南方武陵五溪的少数民族又起兵造反，刘秀派兵征剿了两次，均大败。这时，时年六十二岁的马援请求出征。刘秀以马援年迈为由拒绝了。可马援没有死心，他穿上铠甲，骑上战马，在刘秀面前威风凛凛地骑了一圈。刘秀见此情形，只能答应了。马援第一次出战就大败敌军，但他的队伍在途中被围于山中，此时瘟疫肆虐，很多将士病死，马援也染病了。这时，马援属下上奏朝廷说马援指挥失误。刘秀大怒，命梁松前往探查原因。

梁松刚到武陵五溪，就得知马援已经去世。他素来与马援不和，于是编织各种罪名诬陷马援，指责马援没有正确的作战部署，南下征讨交趾时曾独吞大量金银珠宝。朝中多数大臣也都纷

▲（汉）东王公西王母铜镜
圆形，宽沿，正面平整光滑，背面中心有一半圆形钮，圆形钮之外装饰有联珠纹带、吉祥文字带、东王公和西王母以及青龙白虎为主要内容的浮雕图案，十分精致。

纷附和，刘秀听后气愤不已，下旨削去了马援的爵位。

马援的家人并不知出了什么事，只简单地埋葬了马援，接着一家人上朝认罪。刘秀给他们看了梁松的奏章，他们才知道事情的前因后果。事实上，马援只是从交趾带回来一些可以医治风湿病的薏苡。马援的妻子为了替马援申冤，六次上书皇帝，刘秀最终命人重葬马援。

马援为人忠诚，一生南征北战，安定边疆，为东汉统一全国及稳定西南边境做出了重大贡献，受到后人景仰。不过他受奸人诬陷，死后还受到不公平的指责，也着实令人气愤。

# 100年

〉〉〉张衡由洛阳回到南阳，担任南阳太守鲍德的主簿，掌管文书。

◎看世界／克劳狄即位　　◎时间／41年　　◎关键词／改革 发展

**公元25年~公元220年**
**///////东汉王朝///////**
# 强项令董宣

董宣知识广博，机警干练，为人正直，执法严明，因而常常遭受权臣们的陷害而不断被贬职。在担任洛阳令时，他不惧权贵，严惩恶徒，铲除强权势力，震惊了整个京师，因而得到了"卧虎"的称号。董宣除了重惩不法的强权贵族外，也从不向刘秀屈服，因此被刘秀称为"强项令"。

## 北海惩恶，正气凛然

董宣，字少平，陈留郡国人。他知识广博，为人正直，机警干练。刘秀登基之初，司徒侯霸非常赏识董宣，推荐他做官。随后董宣奉命治理北海。

那时，出身士族的当地武官公孙丹因朝中有人帮忙而权倾一方。一次，公孙丹要建造房屋，就请一名占卜师测算吉凶。占卜师认为屋子建成后公孙家会有人暴毙，化解的办法是让别人代替公孙家的人而死。相信了占卜师的话的公孙丹就计划让其他人来代替自己家的人而死。之后，这个恶徒果真让自己的儿子把一个过路的人杀死，并将其尸置于新房内，以避凶解难。

董宣得知后愤怒不已，立即命人查明此事的经过，并下令缉拿了公孙丹父子二人，将其斩首示众。当地民众无不叫好。但这件事并没有了结。公孙氏是个大家族，其族人向来横行霸道，根本就不在乎王法，他们私下聚集了几十个人，拿着兵器攻进了府衙。董宣知道此地治安不太好，而公孙丹曾经追随过王莽。他担心公孙丹的残党会和海盗串通一气来伤害百姓，因此抓捕了公然闹事的人。不久后，他让属下水丘岑斩了这些恶徒。

青州知府知道这事后，以董宣草菅人命为由奏请刘秀逮捕董宣和水丘岑。最终二人被判了死刑。董宣知道自己命不久矣，但并未悲伤害怕，反而每天在狱中诵诗唱曲。行刑当天，府衙送来吃食，董宣却拒绝食用，他大喝道："我这辈子从来

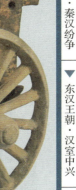

▶（东汉）彩绘陶牛车
由于牛车行走平稳、乘坐舒适，所以东汉年间乘坐牛车出行逐渐成为王公贵族的时尚。

没吃过他人之物，即使要行刑了也一样。"说完，他坦然地上了囚车。

就在刽子手的刀要落下之时，刘秀命人宣布暂免董宣死罪，押回牢里。使者询问董宣为何草菅人命，董宣详细叙述了公孙家案件的经过，并表示让水丘岑杀人是自己的命令，应由自己一人承担所有处罚，并希望朝廷详查此案，以保住水丘岑的性命。使者将案情禀明了刘秀，刘秀觉得董宣没有做错什么，只是杀人太多，就将他降职为怀县县令，并赦免了水丘岑。

当时在江夏地区有一伙盗匪，首领是夏喜。这伙盗匪常常挑起事端，民众对此苦不堪言。于是，刘秀让董宣改任江夏太守。董宣还没上任，就命人在郡内贴出告示，说："皇上封我为太守，是因为他觉得我是个缉拿盗匪的高手。现在，我已到任，那些胡作非为的盗寇也该好好为自己考虑考虑了。"这些盗匪早就知道董宣的厉害，非常害怕，四散而去。此时，担任江夏郡都尉的是外戚阴氏，董宣没有讨好他，反而时时轻慢他，因而很快就被免去了官职。

## 刚正不阿，强项抗命

没多久，京都洛阳的治安开始混乱起来，这主要是由于此处世家子弟处处可见，强权恶徒也常常滋事。刘秀对此非常伤脑筋，此时他想到了董宣这个铁腕官，就封其为洛阳令。

湖阳公主是刘秀的姐姐，她素来专横跋扈，还养了一些心腹。湖阳公主随意抢占民田，欺侮百姓，即使是刘秀也惧她三分。她的心腹管家更是以她的名义四处作乱，还在众目睽睽之下杀害一名无辜的百姓。董宣知道后，立即命人捉拿真凶。可是这个管家在事情发生后就一直藏在公主的府第。由于公主的包庇，董宣的下属几次都吃了闭门羹。无奈，董宣只得命人日夜监视湖阳公主的府第，并命属下只要杀人者一露面就想办法捉住他。

过了几天，那个管家觉得此事已过，就放心大胆地随公主出去郊游了。董宣知道此事后，立即率属下挡住了公主的车队。董宣大声斥责公主包庇犯人，并怒斥那个管家，随后将其处死。湖

▼（东汉）龙骨水车模型
又叫翻车，是一种灌溉工具，由手柄、曲轴、齿轮、链板等部件组成，最初以人力为动力，后发展到以畜力、水力和风力等为动力。它极大地促进了古代农业生产的发展。

〉〉〉宦官蔡伦改进造纸术，发明价廉物美的"蔡侯纸"。这种纸平整光滑，又薄又软，成本低廉，便于书写。

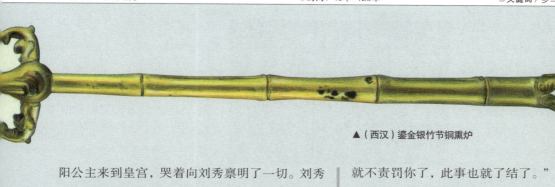

◎看世界／普鲁塔克 ◎时间／46年~120年 ◎关键词／罗马历史学家《传记集》

▲（西汉）鎏金银竹节铜熏炉

阳公主来到皇宫，哭着向刘秀禀明了一切。刘秀非常气愤，即刻召见董宣，并命卫士当即处死他。董宣说："我只要说完一句话就可以受死。"刘秀道："说吧。"董宣激昂地说道："皇上圣德，使国家中兴，却纵容公主的家仆肆意杀人，这么做又怎么管理国家呢？不用别人来行刑，我还是自杀了事吧。"说罢，他一头向宫内的柱子撞去，当场头破血流。

刘秀反复思考着董宣的话，内心深有触动，就对董宣说道："你给公主叩个头就算道歉了，我

就不责罚你了，此事也就了结了。"可董宣却不肯叩头道歉。刘秀觉得自己面子上有些挂不住，就让太监把董宣的头按住，强行让他向公主道歉。可是董宣用双手紧紧地撑住身体，就是不叩头谢罪。

湖阳公主大怒，对刘秀说道："皇弟还是平民之时，也经常窝藏逃亡之人，官府也不曾上门查询。如今当了皇上，以您的权力要制服一个小小的县令有什么难处吗？"刘秀微笑着对公主说道："皇上怎么能和普通百姓比呢？"说罢，他命人把董宣带走了，之后他又下旨赞扬董宣按律行事的做法，并赏赐给他三十万钱。董宣把这些封赏全部分给了自己的属下。

自此，董宣以"强项令"之名继续打击强权势力，京城百姓称他为"卧虎"，作歌称赞他道："枹鼓不鸣董少平。"洛阳城内的所有皇亲、士族都很惧怕他。在他的治理下，洛阳的社会治安很快得到了改善。

董宣当了五年洛阳令后死于任上，时年七十四岁。刘秀命人去他家中慰问，只见裹着董宣尸体的竟是粗布被褥，而几斛大麦、一辆破车就是董宣的全部家当。刘秀得知后悲痛地说道："董宣死了，我才知道他如此正直清廉。"随后，刘秀追加其官衔，还下令以大夫的礼仪来埋葬他。

董宣不惧强权，执法严明，不徇私舞弊，一生正直清廉，千百年来一直深受后人称赞。

◎看世界／高卢人进入元老院　　　◎时间／48年　　　◎关键词／高卢文明

"明章之治"指的是明帝及其子章帝统治东汉的三十年间开创的国无贪污腐败之事、社会昌盛、国家安定的局面。明帝登基后，积极倡导儒学，重视刑罚、法律，还禁止外戚干预政事，并从多方面限制功臣、士族大家。此外，他还从根本上解除了因王莽暴政而导致的周边少数民族进犯的威胁，恢复和发展了汉朝和西北少数民族的友好往来。

### 初露锋芒，打击宗室

明帝是刘秀的第四子，名庄。他幼时就喜欢《诗》《书》，理解力很强，十岁时就读了《春秋》。刘秀非常喜欢他，认为他有周朝贤士季札之才。

刘秀建立东汉后，曾颁布度田令，目的是重新检查田亩数，以使人口和亩数对上。有州郡的官吏来京做工作汇报，刘秀见陈留吏在奏章中写着"颍川、弘农可以问，河南、南阳不能问"，疑惑地询问这是什么意思。陈留吏说这些是自己在洛阳的长寿街上看到的，并不知其具体意思。这时，十二岁的刘庄答道："这是郡里的官员在告诉

公元25年~公元220年
//////////东汉王朝//////////
# 中兴明君汉明帝

您如何清查土地。"刘秀问道："河南、南阳为何不可以问？"刘庄答道："您的老家是河南，您出生的地方是南阳，这两处地方的田亩和宅院一定是超过了规定，但是没法仔细清查。"刘秀听完这话，就命人责问陈留吏，结果证实了刘庄的话。就这样，刘秀更加欣赏刘庄。

公元57年，刘秀因病去世，太子刘庄即位，也就是明帝。

刘秀在位时，严格控制同姓王势力，他自己的十个儿子都只封王而不就国。他们聚集在洛阳，分封到很少的土地，根本无法与西汉时的同姓王相比。刘秀死后，明帝登基，各个同姓王才得以驻守在自己的封地。刘荆是明帝的弟弟，刘秀诸子中颇有才华的一个。刘荆给被废的太子刘疆写信，说刘疆无端被废，应自东海出兵，如同高祖一般夺天下做皇上。刘疆本是个安守本分之人，见到此信自是手足无措，赶紧把信呈给刘庄。但刘庄并未追查下去。

◀（东汉）绿釉陶楼
陶楼是东汉墓葬中常出现的一种明器，它展示了东汉豪强地主的强大势力和军事实力。此陶楼有四层，楼顶两端上翘，每层单檐有一斗三升的斗拱，造型独特，釉色莹润。

之后，羌人与汉军激战，刘荆又到处活动。他曾问算命之人，我和先帝长得很像，先帝三十岁时做了皇上，如今我也三十岁了，能兴兵造反吗？算命之人大惊，将此事报告给了郡国的官吏，刘荆在惊惧之下自己进了监狱。但刘庄没有再追查此事。之后，刘荆又用巫术企图作乱，被郡国的官员知道后自杀身亡。

刘庄还是太子时，刘秀和许美人所生之子楚王刘英就和他私交很深。刘英后来在封国内制作金龟、玉鹤，以符瑞雕刻其上，策划起兵反叛。后有人告密，大臣上奏刘庄希望处以刘英死刑。刘庄不忍，只免去其官职，将其流放，后刘英自杀而亡。

## 加强集权，整顿吏治

刘庄除了有效打击宗室贵族外，还严厉限制外戚权臣。他按照刘秀在位时的旨意，在云台画了二十八将，却独独把自己的岳父马援排除在外，这也是在向大臣们表示自己要掌控外戚。他在位期间，马廖、马光、马防三位国舅的职位都没有超过九卿。他还下旨声明，后妃家族里只有一人能够升为校尉。

另外，刘庄还严厉惩罚仗着权势胡作非为的外戚和大臣。东汉元勋窦融没有管束好自己的子弟，导致他们常常触犯法律。窦融的侄子窦林因欺骗君主、贪污受贿、违法乱纪而被处死。窦融的长子窦穆因其自身封地临近六安国，而想把六安据为己有，就假借阴太后之意，命六安侯刘盱休掉妻子，娶自己女儿为妻。刘庄获知此事后，罢免了窦穆的官职，并只让窦融一人留京，命窦家其他人全都迁回旧郡。窦融也受到刘庄指责，惊恐之下只得辞官回家。

驸马阴丰因事杀了公主，虽然他是阴太后弟弟阴就的儿子，但刘庄不徇私舞弊，判了阴丰死

▶（东汉）蒲纹"宜子孙"玉璧
玉璧呈扁圆形，通体透雕，中间透雕"宜子孙"三字，形制特殊，雕琢精致，是玉器中难得的佳品。

刑，阴就夫妇二人也自杀而亡。没多久，刘庄又以罪处死了河东尹薛昭、司隶校尉王康、驸马都尉韩光等。刘庄严厉制裁外戚权臣，绝不包容位高权重之人，这对大臣们起到了很好的震慑作用。

另外，刘庄还很重视整治吏治，在考察和任免地方官员时也很严厉。刘庄刚登基时，就下旨命吏部在选拔官吏时要谨慎，有犯上作乱、欺压民众记录的人一律不予录用。

刘庄还下旨，每年对地方官吏进行一次考核。在选人为官时，刘庄明令禁止权臣干涉。刘庄之妹馆陶公主请求让其子担任郎官一职，也被刘庄拒绝了，他说："郎官官职虽说很小，但倘若他处理不好地方事务，连累的就是百姓，所以这事我不能答应。"之后他把一万钱赏给外甥了结了此事。大臣阎章精于典章制度，功绩卓越，按理来说早该担任要职，可后宫贵人中有两个是阎章的妹妹，如此看来，阎章就是外戚，刘庄为了遵守外戚不能封侯、干预朝政的规定，一直没有提拔阎章。

## 与民休息，崇尚儒学

刘庄执政期间，曾几次下旨减轻刑罚，减

少徭役赋税，还命各地官员督促、扶持农桑，竭力防治虫害，并让贫民种植公田。这些举措的实行，使农业呈现出繁荣的景象。

公元69年，刘庄下旨对黄河进行治理。西汉后期开始，黄河就因多年未治理而水灾肆虐，两岸百姓也都怨声载道。为此，刘庄命水利专家王景和王吴负责整修黄河。他们先用"堰流法"修成浚仪渠，并修渠筑堤，使河、汴分流，这样黄河水势就足以冲刷沙土，通流入海，黄河中下游的农民就可以顺利进行农业生产。

另外，刘庄还倡导官员以简朴为美，皇宫生活也应节俭。那时，皇后穿的是素服，旁边的侍者穿的是帛布，从不佩戴香薰类饰品。由于皇室的大力提倡，简朴之风很快盛行全国。

刘庄幼时就学习儒学典籍，登基后，依旧刻苦学习，并大力推崇儒学，倡导人们尊崇孔子，研读儒家经典。他曾几次与太子、大臣、儒士聚在一起探究儒学的经典要义，还会亲自做一些演说。

公元75年，四十八岁的刘庄因病去世。刘庄在位期间，在政治、经济上采取了很多举措，使得搅扰汉朝多年的诸侯王之事得以解决，为稳定统治做出了突出贡献。他的治理政策对汉朝政权的稳固和社会安定都具有重大影响。

▼（东汉）错金银牛形铜灯

这是一件精美的牛形铜灯，与早期铜灯相比，设计更为合理，制作更为精美。除具有一般铜灯的烟尘导管装置外，圆形灯盘上可推移开合的灯罩也由原来的封闭型变成了镂孔透光型，能更好地起到散热、挡风和调光的作用。器物通体遍饰精细的龙、凤、虎、鹿等神禽异兽，线条流畅飘逸，工艺精湛无双，是汉代众多青铜灯具中将实用性与艺术性完美结合的上乘之作。

和帝登基后，窦宪因事惹怒了窦太后，为求自保，便奏请皇帝，表示自己愿出征匈奴，将功赎罪。那时匈奴分为南匈奴和北匈奴，南匈奴和汉朝关系很好，北匈奴跟汉朝关系一般。此时，南匈奴请求汉朝发兵攻打北匈奴，于是和帝封窦宪为车骑将军，命其征讨北匈奴。窦宪战胜北匈奴后班师回朝，再次掌控了朝中大权。

公元25年~公元220年

//////////东汉王朝//////////

# 窦宪大破匈奴

## 出身显贵，征伐匈奴

窦宪，扶风平陵人。他的爷爷窦穆和父亲窦勋都因罪被杀。公元78年，窦宪的妹妹被章帝封为皇后，他被升为侍中兼虎贲中郎将，深受皇帝宠信。

窦宪仗势胡作非为，还强行低价购买了章帝妹妹沁水公主的田园。公主惧怕窦宪的权势，也不敢多说一句。一日，章帝乘车路过那座田园，问本是沁水公主的田园为何成了窦宪的。后来章帝知道了事情的来龙去脉，勃然大怒，并立即召见窦宪，严厉地训斥了他。窦宪十分惊恐，让妹妹为自己说情。窦皇后毁服谢罪，并再三劝说皇帝。皇帝才渐平怒气，只让窦宪归还公主的田园，没有追究窦宪的罪责，却也不再重视他。

和帝登基后，窦太后掌管朝政，身为国舅的窦宪权倾朝

野，他的弟弟窦笃、窦景也都位高权重。于是，窦氏兄弟更加放肆起来。

公元89年春，窦宪命人杀了当年审判自己父亲的人，还取下他的头颅放在父亲坟前。不久，都乡侯刘畅因事到洛阳，多次被窦太后召见。窦宪害怕刘畅威胁自己的地位，就命人杀了他，并嫁祸给刘畅的弟弟。事情败露后，窦太后大怒。窦宪知道自己性命难保，就主动请命征讨匈奴，将功赎罪。

这时，漠北东部兴起的鲜卑族大败北匈奴，杀死了匈奴单于，其时草原上蝗虫成灾，漠北一片混乱。为此，南匈奴单于奏请汉廷，请求汉廷发兵一起攻打北匈奴。大臣们觉得北匈奴并没有入侵汉朝边境，没有必要耗费人力、钱财前去讨伐。可征西将军耿秉却认为这是消灭北匈奴的最好时机。因此，窦太后力排众议，命以窦宪为主将、耿秉为副将的大军和北方的汉军及羌胡军一

◀（汉）栗借温禺鞮印

栗借是南匈奴贵族姓氏之一，温禺鞮是匈奴贵族称号。印章刻有篆文"汉匈奴栗借温禺鞮"。

>>>班超之子班勇进军西域，龟兹王率部归降。

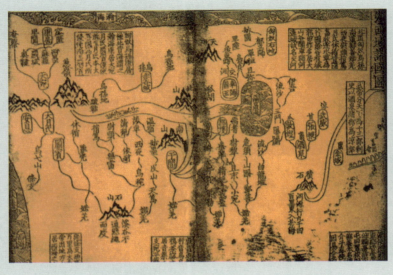

◀（汉）《西域诸国图》

图中可以看到当时的西域各国，既有以游牧为主的乌孙、鄯善、尉犁，又有从事农耕的且末、于阗、莎车、疏勒和龟兹等。

起出兵攻打北匈奴。

汉军兵分三路进攻北匈奴。分别带领四千骑军的窦宪和耿秉与带领一万名骑军的南匈奴左谷蠡王师子组成西征军出击朔方鸡鹿塞；带领一万名将士的南匈奴单于屯屠何组成东征军出击满夷谷；带领八千羌胡军的度辽将军邓鸿与率领将近一万名匈奴骑兵的南匈奴左贤王安国组成中路军出击固阳塞。三路大军在向导的帮助下，成功会师于涿邪山。接着，窦宪派出以副校尉阎盘、司马耿夔为将领，由一万多精兵组成的部队与北匈奴单于展开了激战，并最终取得了胜利。北匈奴部队迅速瓦解，单于借机遁走。

此次战役后，北匈奴贵族带领八十一个部落大概二十万人归顺汉军。窦宪、耿秉与将士们一起登上燕然山，在山顶上立下了一块由班固作铭文的石碑，用以记录汉军的丰功伟绩。随后，窦宪命司马吴汜、梁讽带兵前去追击北匈奴单于。他本人则带领将士回师驻守五原。那时，北匈奴民心涣散，吴汜、梁讽沿途招降了万余人。

公元90年，窦宪命部下耿夔、任尚等带领将士袭击北匈奴的余兵，并取得了胜利。至此，北匈奴彻底被消灭了。

## 居功自傲，被逼自杀

公元89年，章帝命中郎将去五原传达自己的旨意，封窦宪为大将军，并赐其武阳侯之号，可窦宪拒绝了。那时，大将军位列三公之下。大臣们为了附和章帝，就请示朝廷，使窦宪的职权在太傅之下、三公之上。窦宪率领大军班师回朝后，汉廷奖赏众兵卒，并封随窦宪出征的各郡守子弟为太子舍人。

这时，窦宪兄弟几人全都身居高位。在朝中，窦宪只用自己的亲信，还将与自己有隙的郅寿、乐恢等大臣逼死。他还和兄弟四处购买田地，修屋建房，还多次抢占民女，掠夺民财。公元92年，窦宪的亲信邓叠、邓磊、郭举和郭璜等人擅入后宫，暗通太后，想偷偷除掉和帝。和帝知道后，就和郑众等人一起讨论如何除掉这些奸徒。

这时，恰逢窦宪领兵回朝。和帝命人在城外迎候，并宣布要亲自与窦宪等人见面。窦宪入城后，和帝立即命人紧闭城门，抓住了窦宪及其手下。考虑到窦太后，和帝没有马上杀死他们，过了一段时间后才命人逼他们自尽了。

从军事史角度看，窦宪作为指挥征伐北匈奴战争的汉军统帅，在军事史上产生了一定的影响。但他作为东汉外戚专权的祸首，也在历史上留下了种种劣迹。倘若他没有因自恃功高而胡作非为，也许会有另外一种人生。

公元25年~公元220年
//////////东汉王朝//////////
## 党锢之祸

桓帝和灵帝在位之时,宦官专权,民生凋敝,民怨沸腾,昏君和佞臣把东汉政权一步步推向了衰亡。一些太学生实在看不下去了,就在出身世家大族的李膺等人的组织下联名奏请皇帝铲除宦官,进行政治改革,可众人最后却遭到宦官的残酷迫害。这就是历史上有名的"党锢之祸"。朝廷的腐朽导致了党锢之祸,党锢之祸也从侧面反映出东汉王朝大厦将倾。

### 党人议政,宦官加害

东汉时,许多儒生在讲学的闲暇时间常常谈论朝事,评论当朝的名人,人们称这种评论为"清议"。擅长清议之人被时人称为名士,他们对某个人的评价,能够有效地支配百姓的看法。那时,在野的名士们和太学生们经常联名上书,影响力不容小觑。

桓帝在位之时,李膺、陈蕃等正直的官吏受到名士们和太学生们的普遍尊重,他们与宦官集团展开了殊死搏斗。那时,宦官张让之弟贪得无厌,喜好杀孕妇,自推司隶校尉的李膺就将其抓住后斩首的。宦官们见李膺如此严厉,就都收敛了一些,可他们并不甘心这样,一直盘算着杀死李膺。

这时,一个名叫张成的与宦官来往密切的术士,自称可以未卜先知。一日,中常侍侯览对张成说,桓帝不久就要大赦天下。张成回去后装成什么都知道似的,说皇上会立即下旨特赦全国。有人觉得他在胡说,他就让儿子把那个人杀了。第二天,皇上果真大赦天下。张成骄傲地对其他人说:"你们还不相信我能未卜先知吗?现在皇上不是下旨了吗?"李膺听闻后,怒吼道:"知道要大赦又怎样,竟然弄出人命,就算是皇帝大赦,我也不能放过这样的人。"接着就处死了在大赦前杀人的张成的儿子。张成就想让侯览、张让为自己报仇。侯览就让张成去向皇上状告李膺、太学生们和名士们一起联手诋毁朝廷,破坏风气,还把与他们对抗的所谓"党人"的名单也一起献给了皇上。

张成的弟子牢修也在皇帝面前诬陷李膺,说他与太学生们交好,诋毁朝廷。桓帝大怒,下旨抓捕李膺等人。宦官们见报复时机已到,就肆意搜捕,搅得朝廷内外人人自危。桓帝还罢免了为李膺说情的太尉陈蕃。

李膺等人在被审讯之时,故意牵涉进一些宦官,宦官们为此很担心。太学生们知道窦皇后之父窦武憎恨宦官,就去向他求助。窦武劝说桓

◀（东汉）青玉云纹枕

出土于河北定州中山简王刘焉墓,玉枕长34.7厘米,宽11.8厘米,高13厘米,由整块青玉雕琢而成,质地坚实细润,枕面以汉代流行的游丝刻线琢饰出流畅且相互勾连的云纹。

▲（汉）玉圭

上古时期，玉圭是重要的礼器，主要用于朝觐礼见、标明等级身份等。汉代时，玉圭已从社会日常生活中逐渐消失，只有王公贵族为了显示其地位才制造少量玉圭。

帝放了党人，不然天下人会对朝廷失望。因此，公元167年，桓帝下旨放了两百多名党人，将他们遣回家中。

第一次党锢之祸就这样结束了。

## 铲除奸宦，事败被捕

桓帝死后，窦太后和她的父亲窦武立十三岁的刘宏为帝，即汉灵帝。窦太后执掌朝政，大将军窦武和被重新起用的太傅陈蕃辅政。

窦武和陈蕃都极其厌恶宦官。在窦太后的帮助下，他们除掉了朝中的两个宦官管霸和苏康。此后，窦武又密谋把大宦官曹节等人除掉，不料计划泄露。曹节等人觉得形势急迫，就命人挟制了灵帝和窦太后，还以皇帝的名义命人逮捕窦武。惊慌失措的窦武只得躲进军营中。曹节、王甫等人率领将士围剿窦武，处死了窦武和他的亲戚、门客。陈蕃知道窦武已死的消息后，拖着年迈虚弱的身子，带领七十多个官员和学生拿着刀杀进了承明门，这时刚刚除掉窦武的宦官正好赶了回来，杀死了陈蕃。

之后，宦官们彻底掌控了东汉政权。灵帝刚即位时，年幼不懂事，长大后又沉迷于酒色，聚敛钱财，宦官们也都迎合他的喜好，灵帝因此越发荒唐起来。宦官侯览的母亲和家人在山东老家肆意妄为，山东贤士张俭奏请灵帝罢免侯览。侯览就教唆无赖朱并诬陷张俭与郡里的二十四人结党准备起兵反叛，并劝说灵帝逮捕张俭。张俭在逃亡过程中多次被人收留，最终顺利地逃到塞外。宦官们则趁机肆意地捕杀帮张俭脱离险境的人，并下令抓捕一直与宦官作对的党人。

抓捕党人之诏一出，全国一片混乱。很多读书人来到李膺家中，劝他赶紧逃命。可李膺却说："作为臣子，侍奉君主就不能害怕灾祸，我年岁已高，生死由天决定，为什么要逃呢？"因此，他就自己进了监狱，后被毒打致死。

汝南督邮负责抓捕贤士范滂，范滂得知此事后，就来到县里自首。督邮不想抓他，他对范滂说："天下这么大，去哪里不行啊？为什么要自坠陷阱呢？"可范滂不想把别人牵涉进来，甘愿被抓。县令无奈，只好把范滂的母亲请来了。范滂的母亲鼓励他说："如今你已经和李膺、杜密等人齐名了，即使死了也没有遗憾了。"最后，年仅三十三岁的范滂死于牢中。杜密等人也遭陷害惨死，还有将近一千人因受牵连而被流放、禁锢甚至斩首。

公元176年，永昌太守曹鸾奏请皇帝放过被囚禁、流放的党人，宦官们就生生打死了曹鸾，并诛杀了党人的众多亲戚。宦官迫害党人的活动至此达到了顶峰。

这就是第二次党锢之祸。

在两次党锢之祸中，党人不惧强权，以死反抗宦官。他们舍身求仁的精神必将流芳千古。这两次灾祸后，东汉的社会局势更加混乱。

〉〉〉勃海郡人盖登自称"太上皇帝",修治玉印、珪、璧、铁券等物,准备聚众起事,后来因计划败露而被杀。

◎看世界／图密善出征波希米亚　　　◎时间／89年　　　◎关键词／失败

第二次党锢之祸后,忠义之士遭到了彻底的打击。宦官们消除了与自己直接抗衡的力量,其专权达到了历史的顶峰。昏庸无能的灵帝也荒淫到了极致。他大造宫室林苑,满足自己的私欲;他卖官鬻爵,搜刮民脂民膏。东汉王朝进入了最黑暗的统治时期。

## 公元25年~公元220年
////////////////东汉王朝////////////////
# 汉灵帝昏庸无能

于是当时的人们就称他们为十常侍。这些宦官都是侍奉皇帝的人,他们为了掌权,就为年幼的皇帝找寻不同的、刺激的玩法,好让他只知享乐,不理朝政。灵帝觉得这些宦官非常了解他的心意,就更加宠信他们。

一次,他竟然说:"张常侍是我父亲,赵常侍是我母亲。"

### 临朝执政,荒淫无度

公元168年,章帝的玄孙、桓帝的远房堂侄刘宏即位,即汉灵帝。灵帝年少无知,宦官控告党人意图不轨时,他都不知道"不轨"指的是什么。他为了自在地玩乐,就让宦官处理朝政。张让、赵忠等十名在他身旁的宦官,都曾被封为中常侍,

灵帝成年后开始处理朝政,并封宋氏为皇后。宋皇后温和贤淑,灵帝反而不喜欢她,没多久就找理由将宋皇后废掉了。灵帝肆意地寻欢作乐,不理朝政。

▼（东汉）墓室壁画《乐舞百戏图》
图中,以鼓为中心,两人正在擂鼓助兴,周围有几组杂技表演,左右均为兴致勃勃的观众,画面勾画精致,极具生活气息。

公元186年，灵帝在西园建造了房屋一千间，并命人在台阶上铺上绿色苔藓，在渠水中上将近一丈高的"夜舒荷"。这些荷花是南国的贡品，茎上长有四莲，花大如盖，荷叶白天卷上，夜晚张开。西园有如仙境，灵帝让宫女们在其中玩耍。有时他来了兴致，也会和她们一起玩耍。

灵帝夜以继日地在西园里和宫女们寻欢作乐。为了得知准确的时间，他在西园的北侧建了一座鸡鸣堂，养了许多鸡。而他身边的内侍为了让皇帝继续玩乐下去，就争着模仿鸡叫，致使后来灵帝都不知晓自己听到的是人声还是鸡叫声了。

那时，宫中婢女大都在十四岁和十八岁之间，个个浓妆艳抹，灵帝曾经感慨道："这样的日子要是能过上一万年，我就胜过神仙了。"

## 卖官鬻爵，搜刮民财

灵帝下旨允许买官，两千万钱可买郡守级官职，四百万钱可买县令级官职。该被升职的人，出半价或是三分之一的钱就可买到官职。家境好的先出钱买官再做官，出不起钱的可延期交钱，但上任后要交双倍的钱。对于朝廷中权力较大的三公九卿这样的职位，灵帝就命心腹与想得到这些职位的人暗中进行买卖，以防止被外人知晓，一千万钱可买公，五百万钱可买卿。

灵帝还根据买官者的地位和财富来对官职进行任免。例如，贤士崔烈用半价就可做司徒，宦

◀（东汉）击鼓说唱俑
高55厘米，俑席地而坐，头部较大，裹着头巾，前额布满皱纹，赤膊跣足，左臂环抱一个圆鼓，右手高扬鼓槌，表情激动夸张，其表演仿佛已经进入了高潮。

官曹腾的养子曹嵩（曹操父亲）的家里极其富有，他用定价的十倍（即一万万钱）买了太尉一职。后来，只要是官职就要靠买卖来得到，常常是一个官员刚到任没多久，另一个官员就又到任了，有时一个月内，州郡官要换好多次。官吏担心自己没了本钱，一上任就大肆搜刮钱财，为了免遭浩劫，百姓甚至卖掉了仅剩的一些谷粱，以保证新任官吏一上任就能拿到钱。

后来，京都洛阳的后宫也出现了商业街，灵帝命人用宫内的宝物、丝绸和其他东西组成商铺，让宫女在其中买卖交易。灵帝自己则扮成卖东西的商人，在市场上来来去去，有时也会去酒馆饮酒，甚至还会和人吵架、厮打。他急了，也会撵走店员，自己做店员，微笑着、装模作样地招呼客人。店里的东西时常会被宫女偷走，可灵帝都视而不见，并觉得这是件乐事。

灵帝还制作了一种比马车更为便捷和新潮的驴车，他沾沾自喜地亲自驾驶驴车在上林苑中闲逛。京都的百姓知道此事后，也都争着置办那种驴车，致使驴价暴涨，竟然超过了马的价格。

公元189年，汉灵帝去世，结束了他淫乱奢靡的一生。汉灵帝执政的这段时间是东汉历史上最为黑暗的时期，朝中大臣对百姓的迫害也达到了顶点。可以说，汉灵帝是促使东汉覆灭的罪魁祸首。

〉〉〉西域疏勒国和得杀死汉廷册封的疏勒王、汉大都尉臣磐，自立为王。

◎看世界／阿匹安　　　　　◎时间／95年～165年　　　　　◎关键词／罗马历史学家　《罗马史》

由于宦官当权，朝政腐败，各地遍布贪官污吏，土地兼并十分严重，百姓苦不堪言，农民和强权地主之间的矛盾也越来越不可调和，这些最终导致了以张角为首的黄巾军起义的爆发。起义军四处烧毁府衙，处斩官员，铲除强权势力，向官僚地主发动了猛烈攻击。在起义军的打击下，东汉王朝已是名存实亡。

## 公元25年～公元220年
//////////东汉王朝//////////
# 黄巾军起义

### 矛盾激化，揭竿而起

灵帝在位时，各地就不断有小范围的农民起义爆发。朝廷虽然平定了这些起义，却没能阻止日益高涨的民怨。那时有一首歌谣形象地反映了当时民众要和东汉统治者同归于尽的决心："发如韭，剪复生；头如鸡，割复鸣。吏不必可畏，小民从来不可轻。"

▼（东汉）飞马纹鎏金铜牌
马作疾速奔跑状，有翅，鼻端有角，应是文献中记载的引领拓跋鲜卑南迁的神兽。

张角，钜鹿人，他创建了"太平道"，借助行医暗地里传授教义，并聚集民众，向贫穷百姓传播"人无贵贱，皆天之所生"的平等观念，还提议百姓一起建设一个太平盛世。很多贫穷的百姓都很拥戴他。张角自称"大贤良师"，把自己看作大众的先觉者。

张角和他的学生们分散到青、徐、幽、冀、兖、豫、荆、扬等八州传播教义，聚拢民众，十几年下来，太平道的人数达到了几十万。张角将这些人分成三十六方。大方有一万多人，小方有六七千人，每一方由"渠帅"来领导，渠帅统一由张角指挥。

张角还大肆散播"苍天已死，黄天当立，岁在甲子，天下大吉"的预言。"苍天"指东汉，"黄天"指太平道所勾勒的太平盛世。

公元184年，做了充足的准备后，大方渠帅马元义率领荆州、扬州的几万道徒在邺城集合，准备起义。可在发起总攻的前一个月，有人向官府告发，起义计划泄露，马元义被抓，一千多名京城

▼（东汉）"仓天乃死"字砖

1976年在今安徽亳州出土的一块与黄巾起义相关的墓砖。墓砖上刻着"仓天乃死"，"乃"与"已"意思相通，这与黄巾起义的口号"苍天已死"是一致的。

的道徒也被杀害了，灵帝还下旨捉拿张角及其家人。

张角等人发现事已败露，赶紧通告各处的道徒，让他们立即起兵。起义军的将士们都头戴黄巾，因此这次起义又被称为"黄巾军起义"。

起义军人数众多，军纪严明，因此在刚刚起义时，连连取得胜利。张角自封为"天公将军"，封他的弟弟张宝为"地公将军"、张梁为"人公将军"。"神上使"张曼成带领南阳黄巾军驻守在宛城，他们是黄巾军南方的主力部队。以波才、彭脱为首的黄巾军掌控了颍川、汝南、陈国等地，他们是黄巾军东方的主力部队。

灵帝以最快的速度调派各地精兵良将去围剿黄巾军。各处的强权势力也相继起兵，预备和朝廷一起铲除起义军。这些势力的首领包括袁绍、袁术、公孙瓒、曹操、孙坚、刘备等。

## 转战南北，兵败而终

面对朝廷的围剿，黄巾军英勇反抗，并多次取胜。在洛阳，以波才为首的颍川黄巾军大败以皇甫嵩和朱儁为首的四万多官兵。

不久，灵帝调遣皇甫嵩去了河北前线，并命其彻底剿灭以张角为首的农民军。

不幸的是，张角此时因病去世，以张

◎看世界／阿里安　　　　　◎时间／96年～175年　　　　　◎关键词／《亚历山大远征记》

▲（汉）手形銎铜戈
手形銎戈是仪仗器物，象征着操纵生杀大权的权力之手。整件器物构思巧妙，造型奇特，集装饰效果与实用功能于一体，是存世青铜器中的精品。

宝、张梁为首的黄巾军接着对抗官兵。在农民军的重创下，皇甫嵩再也不敢轻易出营作战。之后，张梁因为自大，轻视敌军，致使农民军遭到了官兵的突袭。以张梁为首的三万多黄巾军被斩杀，众多将士的亲属也都被官兵杀死。

随后，以张宝为首的十万黄巾军在下曲阳遭到了皇甫嵩的围剿，张宝被斩杀，十万多人被俘虏。皇甫嵩进城后甚至还把张角的尸体挖出来鞭尸。

公元184年，以波才为首的黄巾军大败朱儁，并在长社包围了皇甫嵩。此后，由于波才作战经验不足，在草地旁扎营，致使皇甫嵩趁机在大风天顺着风点起了火，起义军大败。此后，皇甫嵩又在阳翟再次大败波才军；后来他们又在西华打败了彭脱。

以张曼成为首的黄巾军驻守在宛城，可他们没有找准作战时机，因此使官兵有了机会，张曼成被南阳太守秦颉斩杀。之后，大家推举赵弘为将领，并占领了南阳。朱儁和其他军队一起围剿赵弘，起义

▶（东汉）蚀花石髓珠
通长6.1厘米，直径2.2厘米。此石珠为肉红石髓，表面的白色花纹并不是天然的，而是经化学腐蚀后由人工加工而成。此类蚀花工艺最早出现于西亚和南亚一带，后传入我国。

军誓死守卫城池，无法动摇。灵帝怪罪朱儁想惩处他，朱儁为了自保，只得筑起土山和义军拼死相争。其间，赵弘亲自作战，后被矢石所伤，献出了宝贵的生命。

很快，汉军又一次在东郡苍亭大败黄巾军卜己部，杀死了七千多义军，并捕杀了卜己。至此，汉军消灭了东郡、汝南、颍川三郡黄巾军的主力部队。

黄巾军主力部队被剿灭后，残部和各处的农民武装仍继续进行战斗，共坚持了二十几年，沉重打击了各地的强权势力。

黄巾军起义被誉为我国古代史上少有的有组织、有计划、有纲纪的起义。它公然宣称要消灭东汉王朝，建立农民政权，相比之前的农民起义有了很大的进步。尽管东汉王朝最后残忍地镇压了黄巾军起义，可是由于起义军的重创，东汉王朝已是名存实亡了。

班固是东汉著名的文学家和史学家，他用了将近三十年的时间，以父亲班彪的作品为根基，创作了继《史记》之后我国古代又一部非常重要的史书——《汉书》。《汉书》是我国首部纪传体断代史史书，被后人称为"正史的楷模"。

**公元25年~公元220年**
**////////东汉文化////////**
# 史学大家班固

## 继承父志，撰写汉史

班固，字孟坚，扶风安陵人，出身士族大家。光武帝执政时，他的父亲班彪为望都长，是当时有名的儒生，撰写了《史记后传》。班固幼时非常聪颖，九岁时就能写文章，十六岁时进入太学读书。他饱览诗书，为人谦虚，当时的很多学者都很敬佩他。

班彪去世后，班固回乡为父亲守了三年孝。之后，为了完成父亲的事业，班固接着写作《汉书》。

公元62年，班固因被别人告发"私修国史"而坐牢，他的弟弟班超知道此事后立即到宫中为他说情。此时，地方官吏也送来了班固所写之书，明帝阅后十分欣赏班固的才气，因此没有惩治他，还封他为兰台令史。明帝命他和陈宗等人一起创作《世祖本纪》。没多久，班固又被升为郎官，负责整理皇家图书。后来，他又和别人一起写作了二十八篇功臣列传、载记等。

章帝喜欢先秦儒学和文学，因此十分欣赏班固的才华，常常把他召进宫中做侍读，巡游时也常叫班固随行，有时还让班固提出一些对朝政的看法，还曾让他参与商讨如何处理西域和匈奴之事。

公元79年，章帝和众多名儒一起在白虎观探讨"五经"的区别，身为史官兼记录者的班固奉旨把探讨的结论编辑成了《白虎通义》。

在汉代，班固的辞赋也有一定的知名度。他的代表作《两都赋》采用了夸张的手法，主要写了"西都宾"向"东都主人"夸赞西都长安的富裕兴旺，期盼东汉君主能迁都长安；为了驳斥"西都宾"的言论，"东都主人"就极力称赞东都洛阳的

▶《汉书》书影
《汉书》是我国第一部纪传体断代史，主要记述了汉高祖元年（前206）至王莽地皇四年（23）间的史事，是继《史记》之后我国古代又一部重要史书。

# 177年

〉〉〉灵帝诏令三公上奏州郡贪官
污吏，尽皆罢免。

繁盛。此外，《咏史》也是班固的作品，这首诗叙事凝练，语言质朴，堪称经典。

公元89年，大将军窦宪出兵征讨匈奴，此时班固任中护军，参议军政。这之后的几年，班固都是窦宪的属下，两人私交甚深。之后，在朝廷的权力斗争中，窦宪败亡，班固也被牵涉进去，后死在牢里。

## 鸿篇巨制，遗泽后世

《汉书》是中国首部纪传体断代史，人们将《史记》和《汉书》合称为"史汉"，将班固和司马迁合称为"班马"。《汉书》被后人分为一百二十卷，有十二本纪、八表、十志、七十传，共一百篇，主要记载了公元前206年至公元23年的史事。

与《史记》相比，《汉书》把"书"改为"志"，并将"世家"归入"传"。《汉书》中有关汉武帝以前的事情，大多都用的是《史记》的原文，同时校正补加了《史记》中缺漏的内容，汉武帝以后的史事则主要是班固写的。班固的妹妹班昭和学者马续在班固死后添加了一些资料，撰写了部分表和志。

班固在世时，汉朝已经存在了两百多年，正处于统一繁盛之时，经济兴旺，疆域广阔，海陆交通发达，因此《山海经》和《尚书·禹贡》上的地理知识已经远远不能满足人们的需要。人们迫切需要了解越来越多的地理知识，而班固在《汉书》中专门写作了《地理志》，其功劳不容小觑。古代普通的地理著作要流传至今非常困难，可这篇正史中的《地理志》却因有后世各王朝的保护，得以流传到今天。班固的《汉书·地理志》是

▲班固著史
班固著《汉书》期间，曾因被人告发私修国史而被捕入狱，其弟班超上书为其申冤，才使其无罪释放，事后班固被封为兰台令史。

古代在正史中专门介绍地理知识的首例，保存了很多有用的资料，也为今人探究我国古代地理学史和古代的社会、文化史做出了重要贡献。

班固以追溯功德、赞誉汉朝使其可以扬名于后世为著书宗旨写作了《汉书》。有些史学家觉得《汉书》在叙事上没有《史记》精彩，人物描写也没有《史记》那么有特点，但《汉书》有着严谨的结构、绚烂的辞藻，这就是它的独特之处，而它对后世史学的影响亦是有目共睹的。

东汉后期,无数百姓死于疫病。名医张仲景同情贫苦的百姓,就在各地行医,借此累积经验,并最终写作了一部医学著作《伤寒杂病论》。此书是在《黄帝内经》之后,中国医学史上另一部有着重大影响的医学著作。书中记录的很多药方都是经过多次的实践得出的,后代的医学家非常推崇其中关于六经辩证的治疗准则,张仲景也因此被后人尊称为"医圣"。

## 公元25年~公元220年
### //////////东汉文化//////////
# 一代医圣张仲景

### 勤求博采,医术精湛

张仲景,名机,字仲景,南阳涅阳人。他出身士族大家,父亲张宗汉是朝中官员。

张仲景自幼喜好读书,勤于思索,十岁时就可以诵读众多书籍。同时,他还阅读了很多医学书籍,非常佩服古代名医扁鹊。

那时,朝政腐朽,各地频频爆发战乱,民众处于水深火热之中。加之疫情也开始肆虐起来,成千上万的百姓死于天灾人祸,各地尸横遍野,令人惨不忍睹。眼前的一切让张仲景非常憎恨官场,也让他更加怜悯灾难中的民众,因此他立志行医,救济天下苍生。

从那以后,张仲景就开始潜心研究医学。几年过去后,他已经诵读了流传至那时的几乎所有医学书籍。后来,他为了积累更多的经验,就开始从师学医。

那时,他本家有个很有名的医生,名叫张伯祖。张仲景就去拜张伯祖为师。张伯祖觉得他聪颖勤奋,又能够吃苦,就把自己的医术都传给了他。而张仲景也没有辜负师父的一番苦心,尽得师父真传。

此后,张仲景就正式开

◀张仲景像
东汉末年著名医学家张仲景所著的《伤寒杂病论》是中医史上第一部理、法、方、药兼备的经典著作。元明以后,张仲景被奉为"医圣"。

〉〉〉蔡邕因得罪宦官曹节、程璜等，被诬下狱，被赦免死罪后遭到流放。

▲青铜煮壶

始治病救人，他刚一出师就受到了当地百姓的欢迎，很快就在当地有了名气。

行医之时，张仲景精心搜集各种有效的民间药方。他还认真钻研民间经常用的针刺、浸足、舌下含药等诊疗之法，并从中提取了有用的信息。

此后，张仲景又去洛阳行医，借此来开阔视野，汲取百家经验。

汉献帝时，张仲景和一个叫王粲的著名诗人私交很深。张仲景察觉他得了重病，就对他说："你得了重病，得赶紧治疗，不然的话，你四十岁时，就会开始掉眉毛，半年后性命就堪忧了。你赶紧喝几副五石汤，就无大碍了。"可王粲对此并没有放在心上。没过多久，二人又见面了，张仲景问道："你喝五石汤了吗？"王粲谎称道："喝了，喝了。"可张仲景在仔细看了他的脸色后，说道："气色不对，你应该还没喝过。我劝你赶快喝几副五石汤，不要耽误了病情。"可王粲并不相信他的话，因此没听劝。他四十岁时，果真慢慢地掉起了眉毛，半年后就病亡了。

一次，张仲景看见一个人躺在地上，周围有很多人在叹气，几个女子围在旁边痛哭流涕。他上前一问才知道，此人因家里穷困而上吊自尽，人们发现后把他救下来时，他已经不能动了。张仲景判断此人还有救，便立刻开始救治他。半个时辰后，此人竟然有了细微的呼吸，又过了一会儿，竟恢复了意识。

后来，张仲景成了长沙太守。他时时想着要去救治患病的贫苦百姓。可那时有规定，为官者不可入民宅。无奈之下，他想出了主意——每月的初一和十五这两天，他就命人打开府衙之门，不处理政务，只坐在堂上为百姓看诊。此后，只要一到初一、十五，府衙门前就有很多前来治病的患者。

后来，人们把医生坐在药铺里为人诊治疾病称为"坐堂"，这样的医生则被称为"坐堂医生"。

## 医圣功绩，万代传颂

当时，全国各处瘟疫肆虐。人们患病后十有八九都会死，张仲景的族人也死了两百多个。看着族人和百姓因瘟疫和伤寒病而死去，张仲景心急如焚，他有了亲自去行医的打算。

此时，东汉朝廷腐败堕落，张仲景觉得朝廷如此腐败，也就不想继续做官了。他对身旁的人感慨道："君主患病还可以治好，国家有难就很难解决了。"

之后，他辞官归隐。其间，他潜心总结自己行医时积累的经验，终于写成了《伤寒杂病论》。

此书成书后广泛流传于民间。晋代时，名医王叔和又对其做了仔细的修订、整理。宋代时，这本书渐渐被分为《伤寒论》和《金匮要略》两部分，《伤寒杂病论》中的"杂病"部分全部收归《金匮要略》中。后世的医者把《伤寒杂病论》奉

为医经，将张仲景奉为"医圣"。

在《伤寒杂病论》中，张仲景将望、闻、问、切定义为中医诊疗的具体步骤，主张经过这四个步骤后才可进一步全面探究疾病的本质，并根据不同患者、不同病因、不同病症来对症治疗，认为只有这样才能真正有效地治愈病患。

张仲景一生有很多著作。除《伤寒杂病论》之外，他还撰写了十卷《辨伤寒》、一卷《评病要方》、两卷《疗妇人方》、一卷《五脏论》、一卷《口齿论》等。遗憾的是，这些著作大部分都已经散佚。

由于奠定了理、法、方、药的中医理论基础，张仲景的《伤寒杂病论》被誉为人类医药史上首部较完善的医学著作。他首次全面、详细地讲述了流行病和各种内科疑难杂症的病理、病因及治疗准则，为后代临床医学的发展打下了坚固的理论根基。因此其"医圣"之誉实至名归。

▶马王堆汉墓出土的帛书《足臂十一脉灸经》
这是出土于长沙马王堆三号墓的汉代帛书《足臂十一脉灸经》，它是世界上最早的有关人体经络的著作。